イノベーションを起こす

ジェフ・ベゾスの言葉

桑原晃弥

大きな取り組みに挑戦することを後悔するつもりはない

アマゾンの勢いが加速しています。2020年に世界を襲った新型コロナウイルスの感染拡大により、多くの人が外出を控えることを余儀なくされたことで、日本でも「巣ごもり消費」と呼ばれるインターネットでの買い物が増加し、今やアマゾンは私たちの生活にとってなくてはならないものとなっています。

その存在も巨大で、時価総額は日本の国家予算を超える1兆5000億ドル（2021年3月4日現在）という驚くべき金額になっています。そんな巨大企業アマゾンをたった1人で創業し、CEO（2021年の第3四半期に会長に就任する予定）として率いてきたのがジェフ・ベゾスです。今や20兆円以上という莫大な資産を有する世界一のお金持ちでもあります。

しかし、ベゾスがアマゾンを創業した1994年（サービス開始は1995年7月）にこうした成功を予想した人は誰もいませんでした。CEO退任を発表したメールで、ベゾスが創業当時を振り返って述べた「創業当時に最もよく聞かれたのは『インターネットって何？』という質問でした」が表しているように、この頃、インターネットは、一般の人にとって、まったく馴染みのないものだったのです。

にもかかわらず、30歳で金融会社D・E・ショーの若き副社長の座を捨ててまで起業に踏み切ったのは、インターネットの急成長に気付き、「インターネットで本を売る」という「ばかげた考え」に将来を賭けることにしたからです。社長のデビッド・ショーからは、トップ企業で富を築くだけのキャリアを持つベゾスのような人間がやることではない、と退社を思いとどまるように説得されました。しかし、ベゾスは48時間考えてこんな結論を出しています。

「仮に80歳になったとして、自分の人生を振り返ってみよう。私は、できるだけ後悔はしたくないと思っている。このインターネット・ビジネスという大きな取り組みに挑戦したのであれば、仮に失敗しても後悔するつもりはない」

しかし、不安がなかったわけではありません。自分のアイデアに自信を持ちながらも、成功確率は10％と低く見積もっていましたし、仮に成功するとしても収益が上がるまでには長い年月が必要だという覚悟もしていました。ベゾスにとってもリスクの高い起業だったわけですが「多くの人は、『何かをした』ことを後悔するよりも、『何もしなかった』ことを後悔している」というのがベゾスの考え方でした。

創業したアマゾンはその後、優れたサービスで急成長します。そして、サービス開始からわずか2年後に株式公開に至るわけですが、その間のアマゾンは赤字続きでした。売上もユーザーも増えていましたが、それ以上の資金を顧客サービス向上のために投資し続けたからです。

インターネット・バブルの崩壊以後は、少しずつ黒字を計上するようにはなりましたが、それでもベゾスは多くの利益を出すことよりも、アマゾンのさらなる成長のために投資し続けます。今や世界ナンバーワンのシェアを持つクラウドサービス「AWS」や電子書籍リーダー「キンドル」の開発のほか、宇宙事業を行う新会社も設立、2015年にはアメリカの名門新聞社ワシントン・ポストを買収して世間をアッと言わせました。

いったいなぜ、ベゾスはこれほどの成功を収められたのでしょうか。その理由の1つが、①常に顧客中心に考える、②発明を続ける、③長期的な視点で考える、というアマゾンの「原動力となる3つの考え方」を守り続けたことです。

ベゾスは「将来」について、数字などを挙げて詳しく語ることを好みませんが、どんなビジネスを手がけるにしろ、この3つの考え方に基づいた企業であり続けたいと話しています。本書でご紹介しているのは、こうしたアマゾンに成功をもたらした「原動力となる考え方」や、失敗こそがイノベーションをもたらすという、ベゾスの「失敗を恐れない生き方」などです。

先が見通せない時代、人はどうしても守りに入りがちですが、先が見通せないからこそ、試行錯誤を繰り返しながらも自分のアイデアを形にしていく「攻めの生き方」が必要です。ベゾスのように「一歩を踏み出す」ことが重要なのです。

本書を読みながら、「これは知っている」と感じたら、「じゃあ、やっているか？」と自分に問いかけてみてください。「これは良さそうだな」と感じたら、一度やってみてください。そうすることで今後のあなたの人生はより豊かなものとなるはずです。

本書が皆さまのお役に少しでも立つことができれば、これに勝る幸せはありません。

本書の執筆には、リベラル社の伊藤光恵氏、安田卓馬氏、仲野進氏にご尽力をいただきました。心より感謝申し上げます。

桑原　晃弥

第一章 イノベーションを起こし続ける

第二章　失敗を恐れず、まずやってみよう

第二章 スピードこそ命

第四章　すべてはお客さまのために

第五章 長期の視点でものを見る

第七章 優れた企業文化を

第八章 ベゾスの人生観

WORDS OF
JEFF BEZOS

第一章

イノベーションを起こし続ける

WORDS OF JEFF BEZOS

01

ユーザーに「これだ」と叫ばせろ

私たちがしなければならないのは、お客さまの代わりに発明することです。

▼『ベゾスレター』

「ユーザーは、どんな大革命が起きるかまでは教えてくれない」はアップルの創業者スティーブ・ジョブズの言葉です。ユーザーの気付かないニーズを汲み取り、優れた製品をつくり上げ、その製品を見て「実はこれが欲しかったんだ」と快哉《かいさい》を叫ぶほどのものをつくるのが自分たちの役目だというのがジョブズの考え方でした。

アマゾンが２０１４年に発売した「アマゾンエコー」は「アレクサ！」と呼びかけることでリモート操作できるスマートスピーカーとして大ヒットしましたが、ジェフ・ベゾスによると「生まれる前にお客さまからの需要は一切なかった」といいます。もし発売前に「話しかけることで音楽を流したりできる円柱型の商品はいかがですか？」と尋ねたとしたら、誰もが「いえ、結構です」と言うはずの製品ですが、市場に出るや否や大きな話題となり大ヒット、他社も追随するほどの商品となりました。

アマゾンがしなければならないのは、他社の後追いで「ちょっと良いもの」をつくることではなく、お客さまに代わって、お客さまが「これが欲しかった」というものを発明することだ、とベゾスは考えています。

WORDS OF JEFF BEZOS 02

イノベーションのためには汗をかけ

社内でアイデアが生まれるプロセスというのは意外にぐちゃぐちゃなもので、頭に電球がともる瞬間などありません。

▼『果てなき野望』

日本企業の弱さはイノベーションを起こすことができない点にあるとよく言われます。では、どうすればイノベーションが起きる企業になれるのでしょうか？

こうした問いに対するイノベーターたちの答えは、いつもそっけないものです。

スティーブ・ジョブズは「イノベーションを体系化するなんて、できない」と話していますし、ジェフ・ベゾスも、漫画に描かれるような奇跡は起こらない、と言い切っています。

「社内でアイデアが生まれるプロセスというのは意外にぐちゃぐちゃなもので、頭に電球がともる瞬間などありません」


ベゾスにとって、イノベーションはある日突然訪れるものではありません。思いついたたくさんのアイデアを、実験によって確かめ、嫌と言うほどの失敗や修正を繰り返しながら、ようやく形になっていくのが、ベゾスにとってのイノベーションなのです。

イノベーションに必要なのは、一瞬のひらめきよりも、たくさんの汗とたくさんの失敗、そして失敗に負けない根気です。「良いアイデアが生まれないかなあ」と奇跡を待つだけの人に、素晴らしいアイデアが訪れることは決してないのです。

WORDS OF JEFF BEZOS 03

袋小路を恐れるな、きっと道は開ける

行き詰まらずしてイノベーションはあり得ない。

▼『イノベーションのDNA』

新しい挑戦はいつだって不安なものです。スティーブ・ジョブズは、「マッキントッシュ」の開発に挑んだ若き日の3年間を振り返って、こんな感想を口にしています。

「月に一度しか動かないコンパスを頼りに、ジャングルを歩くようなものだった。行き先は川なのか山なのか、蛇の巣なのか見当もつかなかった」

「人生最高の仕事」になるのではという期待と、「先の見えない」不安との戦いこそが、イノベーションの本質なのです。多くの人にとっては何とも不安なものですが、ジェフ・ベゾスはそれこそが大切なのだと社員に説いています。

「イノベーションでは、袋小路にはまることは避けて通れない。行き詰まらずしてイノベーションはあり得ない。だが時折、袋小路を歩いていると、大きな広い道に出ることがある」

大きな広い道に出るためには、たくさんの挑戦や実験をする必要があります。当然、失敗もあれば、袋小路に入り込んでしまうこともありますが、ベゾスは「どんな袋小路にも、はまる価値がある」と言い切っています。なぜなら、失敗や袋小路を恐れない挑戦を通して初めて実現するのがイノベーションだからです。

WORDS OF JEFF BEZOS 04

アマゾンは人々の体験を便利で快適なものに変える

人間は易きに流れるものさ。楽なことほど、もっとやりたいと思うんだ。

▼『グーグル秘録』

「紙の本を読まなければならないという状況はイライラします。不便だからです」はベゾスの「紙の本」に関する発言です。理由はページをいちいちめくらなければならないし、閉じてほしくない時に限ってパタンと閉じてしまうからです。

ベゾスは「超」のつく本好きですが、紙の本には便利さもあれば不便さもあると感じていました。そうした不便さを解消した「キンドル」について「キンドルのような端末には、携帯しやすい、大画面で文字が読みやすい、ネットで他の情報にもアクセスできる、大量の本を保存できるといったメリットがある」と主張したうえで、「もっと読書をしてもらいたいなら、それを楽にすればいい。我々が目指しているのはそれなんだ」と自説を披露しています。

アマゾンのさまざまなサービスの開始にあたり、ベゾスは「買い物を便利で、より快適なものにする」ことにこだわり抜いています。理由は「人間は易《やす》きに流れるものさ。楽なことほど、もっとやりたいと思うんだ」という考えからです。

人はより便利なもの、より快適なものを好みます。それを次々と可能にしてきたところにこそ、アマゾンの成功の理由があるのです。

WORDS OF JEFF BEZOS 05

アイデアを生むには「機能」に注目せよ

本は未来永劫、死んだ木に印刷しなければならないなど、どこにも書かれていません。

▼『果てなき野望』

アイデアを考える時、「形」ではなく「機能」に注目すると思いがけない飛躍につながることがあります。例えば、プレゼンなどでお馴染みのレーザーポインターは、「指示棒」という形ではなく「ポイントを指し示す」という機能に着目したことから誕生しました。

アマゾンは創業以来、「印刷された本」を売ってきましたが、２００７年に「キンドル」を発売。その４年後の２０１１年には、アメリカにおいてアマゾンの顧客は印刷された本よりも電子書籍の方を選ぶ人が多くなっていました。

「キンドル」の開発にあたり、ジェフ・ベゾスは「なぜ自分はインクの臭いのする本が好きなのか」を自らに問いかけました。答えは「自分がかつて夢中になった世界のすべて」に結びついていたからですが、本当に好きなのは「印刷された本」ではなく、そこにある「言葉とアイデア」だと気付きました。

「紙の束」という形にこだわると本を超えることはできませんが、「言葉とアイデアを伝える」という機能に注目すれば、本よりも優れたものをつくることができます。ベゾスは「本とは何か」を突き詰めることで「キンドル」を生み出し、読書の世界に革命を起こしたのです。

WORDS OF JEFF BEZOS 06

「不便」や「非効率」にビジネスチャンスあり

大きなことが
非効率に行われている時、
そこにチャンスがあるのです。

▼『ワンクリック』

ジェフ・ベゾスは、インターネットを使ってものを販売するというビジネスに高い将来性があると考えた際、販売に最適な20の商品をリストアップしています。当初、書籍はリストの最後の方でしたが、ある段階からトップへと躍り出ました。

理由は、書籍を書店で販売するというビジネスが「合理的なビジネスとは言えない」からでした。書籍の世界は、規模は大きいものの、出版社も書店も圧倒的な強者は存在しないうえ、出荷された本の多くが返品され、労力の割に大きな利益は期待できません。こうした巨大な市場でありながら合理的ではないビジネスに、顧客が望む効率の良いやり方を持ち込めばチャンスがある、とベゾスは考えたのです。

クラウドサービスを展開する「ＡＷＳ」（アマゾン・ウェブ・サービス）についても同様でした。アマゾンは２００６年にサービスを開始していますが、この業界でも規模が大きく非効率なビジネスが行われており、「アマゾンなら他社よりもっとうまくやれる」と考えたのです。非効率なことを効率的にやれるなら、そこに確実にチャンスは生まれるからです。見るべきは「巨大さ」に加え「その中身や効率性」なのです。

WORDS OF JEFF BEZOS 07

アイデアがあるなら、まずやってみろ

実験の回数を100回から1000回に増やせば、イノベーションの数も劇的に増える。

▼『イノベーションのDNA』

変化の激しい時代、企業が競争に勝ち残るためには、絶えず革新を起こし続ける必要がありますが、そのためには「アイデアがあったらまずやってみる」という実験力が欠かせません。イノベーターの多くは幼い頃から実験を好み、その「実験力」が起業やイノベーションへとつながっています。それはジェフ・ベゾスも同様でした。こう言っています。

「社員には、あえて袋小路に入り込んで、実験しろと発破をかけている。実験にかかるコストを減らして、できるだけたくさん実験できるようにしている。実験の回数を100回から1000回に増やせば、イノベーションの数も劇的に増える」

ベゾスはアマゾンを正式にスタートする前、テスト版の公開を繰り返すことで問題の解決を進めていますし、新しい製品やサービスを出す前には、半数の顧客に試験的な製品やサービスを、残りの半数には従来の製品やサービスを提供して、反応の違いを比較したりもします。

限られた時間の中で、できるだけ多くの実験を行い、実験を通して製品やサービスが本当に良いものかを確かめ、改善すべきはどんどん改善するというのがベゾスのやり方なのです。

WORDS OF JEFF BEZOS 08

「自分を食う」覚悟で事業に取り組め

私たちの最大の強みは、
何かを生み出したら
何かが壊れるということを
受け入れることができるということです。

▼『ジェフ・ベゾスかく語りき』

スティーブ・ジョブズが「自分で自分を食わなければ、誰かに食われるだけだからね」と語る通り、成功した企業や組織にとって厄介《やっかい》なことの1つは、自分たちに成功をもたらしてくれた製品やサービス、やり方を時に自己否定しなければならないことです。

大切なのは、成功した製品やサービスを守ること、生き長らえさせることではなく、顧客のためにより良いものを生み出すことです。結果、自社の製品が影響を受け、消え去ることになったとしても、それはそれで仕方のないことなのです。

ジェフ・ベゾスは、アマゾンが持つ自己革新の文化についてこう話しています。

「企業文化としての私たちの最大の強みは、何かを生み出したら何かが壊れるということを受け入れることができるということです」

電子書籍リーダー「キンドル」の開発にあたり、ベゾスが担当者に指示したのは「君の仕事は、今までしてきた事業をぶちのめすことだ。物理的な本を売る人間、全員から職を奪うくらいのつもりで取り組んでほしい」でした。

「自分で自分を食う」覚悟で取り組んだからこそ、アマゾンは電子書籍の市場を切り開くことができたのです。

WORDS OF JEFF BEZOS 09

慣れたやり方に固執しすぎるな

企業というのはそれぞれに
手慣れたやり方というものがあって、
（新しいやり方は）意外なほど
やりにくいことなんだ。

▼『果てなき野望』

全米一の書店「バーンズ＆ノーブル（B＆N）」がインターネットを通じた書籍販売への参入を発表したのは１９９７年のことです。アマゾンの成功を見た同社は、大慌てでインターネットサービスを展開するＡＯＬと独占契約を交わし、アマゾンと同様の百万タイトルを超える書籍データベース、迅速《じんそく》な配送、30％割引などで対応しようとしました。

しかし、ジェフ・ベゾスは同社の参入について、「B＆Nは、オンライン書籍販売を望んで行っているのではありません。私たちの存在がそうさせているんです」と冷ややかに見ていました。

専門家の中にはB＆Nの優位を説く人もいましたが、ベゾスはB＆Nの成功には時間がかかると見ていました。それぞれの企業には自分たちに成功をもたらしてくれた「手慣れたやり方」があり、他の方法を取り入れるのは「意外なほどやりにくいこと」だと考えたからです。

結果はベゾスの読み通りで、その後もB＆Nの業績は奮《ふる》わず、２０１９年６月に同社は投資会社エリオットに買収されました。企業に限らず、人は慣れたやり方に固執しがちです。大企業がイノベーションを起こせない理由は、実はこんなところにもあるのです。

WORDS OF JEFF BEZOS

第二章

失敗を恐れず、まずやってみよう

WORDS OF JEFF BEZOS 10

イノベーションには失敗できる場所が必要だ

失敗は、当社が他社と一線を画している分野だと思います。当社は、恐らく世界一失敗に適した場所です。

▼『ベゾス・レター』

イノベーションを起こしたいと願う企業の経営者や管理職が、若手社員によく言うのが「失敗を恐れず果敢に挑戦しろ」です。

若手の挑戦を後押しする素晴らしい言葉です。ところが、そんな後押しにもかかわらず、果敢に挑戦しようという若手は滅多に出てきません。なぜでしょうか？

挑戦には失敗がつきものです。だからこそ、大切なのは、失敗をしてしまった時に周りがどんな声をかけるかなのです。上の人間が失敗の責任を「お前が勝手にやったことだ」と若手に押しつけたり、降格や異動といった厳しい処分を科したりすれば、誰だって挑戦などしたくなくなります。

若手の挑戦を期待するには、ジェフ・ベゾスが言うように「失敗に適した＝いくらでも失敗して大丈夫な」職場であることが必要です。失敗とイノベーションは対《つい》の関係にあり、失敗なしにイノベーションだけを手にすることはできないからです。

失敗を称賛する必要はありませんが、少なくとも、失敗は「学びの機会」であるという考えのもと、本心から挑戦を後押しする企業こそがイノベーションを手にするのです。

WORDS OF JEFF BEZOS

11

失敗なんか恐れるな

アマゾン・ドット・コムは何度も失敗を経験していますし、損失も数十億ドル出していいます。（失敗は）楽しいはずもありません。ですが、結局はたいしたことではないのです。

▼『ベゾス・レター』

成功者を見る時、多くの人はその結果にばかり目が向いて、そこに至る苦労や失敗の歴史を見ようとしないところがあります。アマゾンは1995年にオンライン書店サービスを開始して、2年後には株式を公開、今や世界有数の大企業となっているだけに、その成功の歴史ばかりが語られがちですが、実際にはその過程でたくさんの失敗を経験しています。

例えば、「イーベイ」に対抗して始めた「アマゾンオークション」は大失敗していますし、携帯電話の「ファイアフォン」も大惨敗を喫しています。損失も莫大でしたが、ファイアフォンを開発した部署が、のちに「アマゾンエコー」と「アレクサ」を開発して大成功を収めるなど、失敗から教訓を得ることで大きな成功につなげています。

ジェフ・ベゾスによると、大切なのは失敗をしないことよりも、失敗から教訓を得て次の大きな成功につなげることなのです。それさえできれば、何度失敗しようが、損失が出ようが、「失敗は結局はたいしたことではない」と胸を張れるようになるのです。

アマゾンのように成長したいなら、「失敗なんてたいしたことはない」という覚悟が必要なのです。

WORDS OF JEFF BEZOS

12

「変化」こそが「成長」の原動力

継続して実験を行わない会社や、
失敗を許容しない会社は、
最終的には絶望的な状況に追い込まれます。

▼『ベゾス・レター』

「3年何も変えなければ会社は潰《つぶ》れる」は、トヨタで語り継がれている言葉です。トヨタというと「改善」が思い浮かぶように、「昨日より今日、今日より明日」と、日々小さな改善を積み重ねた結果、今日のトヨタがあります。

とはいえ、たいていの人にとって、慣れたやり方を変えるというのは抵抗を覚えるものです。新しいやり方と慣れたやり方を比べれば、ほとんどの人は後者を選びます。たしかにその方が楽だし、失敗もないのですが、世の中が変化し、ライバルが変化し、お客さまの嗜好《しこう》が変化し続ける中では、慣れたやり方を続けることは後退につながります。

アマゾンが市場をリードし、お客さまに選ばれ続けたのは、絶えざる革新を続けたからですが、そのために欠かせないのが継続的な実験であり、失敗を恐れず挑戦し続けることだというのがジェフ・ベゾスの考え方です。実験を続け、失敗を恐れない会社は変化し続けることができるのに対し、失敗を恐れ変化を避ける会社はいつか「会社の命運が尽きて、神頼みしかできなく」なるのです。

成長し続け、勝ち続けるためには、変化を当たり前のものにすることが何より大切なのです。

WORDS OF JEFF BEZOS

13

特大の成果には「迷走」が欠かせない

天秤《てんびん》の片側に効率を載せたなら、
反対側には迷走が必要です。

▼『ベゾスレター』

仕事をしていると、どうしても「効率」を追求したくなります。たしかにすべての仕事を効率よくこなすことができれば、ムダもなくなるし、より短い時間で成果を出すことが可能になります。

ジェフ・ベゾスはムダを嫌い、スピードを何より重視する経営者ですが、その一方で、効率だけでは大きな成果を上げられないとも考えています。はっきりと目指すもの、行き先が分かっている時は効率よく行動すれば良いのですが、「お客さまのために」という漠然とした目標のもとでは、時に混乱したり、脱線することもあります。しかし、ベゾスはそんな迷走を経てこそ目指す場所にたどり着くことができると考えています。

「天秤の片側に効率を載せたなら、反対側には迷走が必要です。それまでの流れから逸脱するような特大の発見をするには、迷走が求められることが極めて多いのです」

どんな仕事も、目標に一直線にたどり着くことは少なく、時に失敗したり、迷ったり、新しいことを試したりを繰り返しながら、自分なりの正解を見つけていくことが大切です。たとえ効率は悪くとも、そこで得た学びはとても大きなものになるのです。

WORDS OF JEFF BEZOS 14

大企業こそリスク覚悟で挑戦せよ

大規模なリスクは、
大企業として私たちが
お客さまや社会に提供できる
サービスの一部なのです。

▼『ベゾスレター』

「AWS」は、今やクラウドサービス業界で、IBMやマイクロソフト、グーグルをすべて足しても敵《かな》わないほどの市場シェアを誇っており、日本でもインターネットを通じたさまざまなサービスで活用されています。しかし、事業を始めた当初は「絶対に利益は出ない」と言われるほどの大きなリスクのある事業でした。

にもかかわらず、ジェフ・ベゾスは「AWS」に多額の投資を続け、今や世界中の大企業が利用する、なくてはならないサービスに育て上げました。

企業というのは規模が大きくなるにつれ、なぜかリスクを取らなくなりがちですが、ベゾスは大企業こそ規模に見合った実験をしなければならないと言い切っています。理由は「大規模なリスクは、大企業として私たちがお客さまや社会に提供できるサービスの一部」だからというのです。

大企業には、ベンチャー企業には望めない資金や技術があります。ベンチャー企業のように一度の失敗が致命傷になることもありません。だからこそ、大企業はリスクを負いながら大胆な挑戦を続け、お客さまや社会のために優れた製品やサービスを生み出し続けなければならない、というのがベゾスの考え方なのです。

WORDS OF JEFF BEZOS 15

試練を乗り越えて「本物」になれ

苦しい時期をくぐり抜けてきたことのない企業は多くありますが、彼らはそういう意味では、まだ試されていないのです。

▼『ジェフ・ベゾスかく語りき』

起業家に憧れる若者はたくさんいますが、企業経営には「強い情熱」が欠かせないというのは、成功した起業家の多くが指摘するところです。

企業経営はいつも順風満帆とは限りません。批判を浴びて孤立無援になることもあれば、社員をリストラするといった辛《つら》い決断をしなければならない時もあります。そんな時、自らのビジョンへの自信、強い情熱がなければ、とても耐えることはできません。

ジェフ・ベゾスは、アマゾンを創業後、短期間で株式を公開するなど順調にスタートしていますが、インターネット・

バブルの崩壊では辛い経験をしています。バブル期にお金目当てで業界に入ってきた人たちは去り、有能でありながらも解雇された人もいれば、会社を見限って辞めた人もいる「憂鬱《ゆううつ》な日々」でした。しかし、こうした苦しい時代を乗り越えることで、アマゾンもベゾスも本物の企業、本物の経営者と評価されるようになりました。こんな言葉を口にしています。

「苦しい時期をくぐり抜けたことのない企業は多くありますが、彼らはそういう意味では、まだ試されていないのです」

試練を乗り越えるという経験こそが企業や人を成長させてくれるものなのです。

WORDS OF JEFF BEZOS 16

反対者には「なぜやってはいけないの？」と聞き返せ

（ビジネスで）よく出る疑問は「なぜそんなことをやるの？」というものです。でも、とするなら「なぜやってはいけないの？」という疑問も、それと同じくらい正当性があるのです。

▼『ジェフ・ベゾスかく語りき』

アマゾンの創業時のキャッチフレーズは「地球最大の本屋」でしたが、成長する過程では「本以外の商品」も次々と扱うようになっただけでなく、クラウドサービスを提供する「AWS」を始めたり、「キンドル」などのハードウェアにも多くの資金や人材を投じています。

しかし、こうしたジェフ・ベゾスの方針には、異を唱える人も少なくありませんでした。「海外展開を加速させなければならないのに、なぜこんな事業を始めるのか？」などの「まっとうな疑問」に対し、ベゾスはいつも「この事業も必要だからだ」と答えています。

ベゾスによると、ビジネスにおいて、「なぜそんなことをやるの？」という疑問が「良い質問」だとしたら、同じくらいに「なぜやってはいけないの？」という疑問にも「正当性がある」のです。

そこに優れたアイデアがあり、実現させるスキルや強みがあるのなら「やらない」という選択肢はあり得ません。反対者から「なぜやるの？」と聞かれたら、「なぜやってはいけないの？」と聞き返します。それでもし「確かにそうだな」と思える説得力のある答えが返ってこないなら、ベゾスのように「構うもんか」と言ってやってみれば良いのです。

WORDS OF JEFF BEZOS

17

失敗の可能性から目をそらすな

失敗を覚悟すると、心は軽くなるのです。

▼『ワンクリック』

ジェフ・ベゾスはアマゾンを創業する際、自分のお金を注ぎ込むだけでなく、両親からも多額の資金提供を受けています。こういう時、たいていの人は「絶対成功してみせる」と言いがちですが、ベゾスは、両親に限らず誰にでも「成功確率は10%」であり、「お金を失っても良いという覚悟がないのであれば、私に投資すべきでない」と正直に話しています。

「知人や身内から資金を集める時には、最初から最悪の事態を伝えておくのが賢明です。たとえ事業に失敗しても、感謝祭の食事には同席できますから」という理由からです。

ベゾスは入念に下調べをし、しっかりとした事業計画をつくり上げたうえでアマゾンを創業していますが、成功を確信していたわけではありません。失敗も視野に入れ、成功するにしても時間がかかることも覚悟していましたが、この覚悟こそが大切だとベゾスは考えていました。

「失敗を覚悟すると、心は軽くなるのです」

失敗を過度に恐れると、成功に必要な「リスクを伴う決断」ができなくなってしまいます。ベゾスは、失敗の可能性にも正直に向き合うことで、アマゾンを成功へと導いたのです。

WORDS OF JEFF BEZOS

18

「やって見せる」を習慣にしよう

この新しいテクノロジーには自信があります。
どういうものか実際にご覧に入れましょう。

▼『アマゾン・ドット・コム』

新しいやり方には、たいてい反対がつきものです。こうした反対論者を説き伏せる最も良い方法は、実際にやって見せることです。良いか悪いかは、見れば分かるからです。

ジェフ・ベゾスにとって、大学卒業後2社目となるバンカーズ・トラストは「コンピュータと金融の交差点で働く」企業でした。副社長補佐として入社し、26歳の若さで最年少の副社長となったベゾスが開発したのが、顧客企業が、運用を委託している年金や投信の成績を、パソコンを使っていつでも確認できるという、当時としては画期的なシステムでした。

印刷した報告書を定期的に郵送して見てもらうという従来のやり方に比べ、まったく新しいやり方だけに、当然、反対の声が挙がりました。ベゾスは議論だけで彼らを言い負かすこともできましたが、「この新しいテクノロジーには自信があります。どういうものか実際にご覧に入れましょう」と宣言、実際につくって見せることで「他の人たちが間違っている」ことを証明しました。

ベゾスは、アマゾンでも社員に「まずやってみる」ことを推奨していますが、何が正しいかは目で見て確認してもらうのが最もうまいやり方なのです。

WORDS OF JEFF BEZOS 19

提案には「イエス」と答えよ

思い切って挑戦しようという意欲に溢《あふ》れた文化はとても楽しいものだ。

▼『イノベーションのDNA』

イノベーションに必要なのは、「アイデアがあったらまず試してみよう」という姿勢であり、「失敗を称賛はしないまでも、挑戦を後押しする」企業風土といえます。

ジェフ・ベゾスはアマゾンが大切にするものの1つとして「発明すること」を挙げている通り、創業当初から失敗を恐れず果敢に挑戦する文化をつくり上げる努力を惜しみませんでした。素晴らしい仕事をした社員には、ベゾスが机の前でひざまずいて、使い古したナイキの靴の片方をうやうやしく差し出すというパフォーマンスも行っています。ナイキのスローガン「とにかくやってみよう」にちなんだものです。

挑戦には失敗がつきものですが、ベゾスはそれでも何もやらないよりは遥かに良いし、致命的な失敗さえ避ければ学べることはたくさんあると考えています。ベゾスは言います。

「思い切って挑戦しようという意欲にあふれた文化は、とても楽しいものだ。『制度化されたノー』の逆で、『制度化されたイエス』なんだ」

どんな時も「ノー」ではなく「イエス」から入れば、考えるべきは「どうすればできるか？」だけになるのです。

WORDS OF JEFF BEZOS

第三章

スピードこそ命

WORDS OF JEFF BEZOS 20

やり直せる決定とやり直せない決定がある

決定が最善ではないものだった場合、その結果をずっと我慢する必要はありません。もう一度ドアを開けて元の世界に帰れば良いのです。

▼『ベゾス・レター』

何かを決定しなければならない時に、なかなか決められず迷い続けるのはなぜでしょうか？　そこにあるのは、自分の決断が誤りだった時に後悔したくないという気持ちですが、そんな優柔不断さと決別するための方法があります。

ジェフ・ベゾスによると、決定には重大で簡単には元に戻せない「一方通行のドア」と、間違ったと思ったら変更することも元に戻すこともできる「往復可能なドア」があります。

ところが、ほとんどの人や企業経営者は、その区別をせずに、すべてを「一方通行のドア」であるかのように誤解して、簡単にできるはずの決定を先送りしたり、簡単に戻れるはずなのに「決めたことを撤回するのは恥ずかしいことだ」と言い張ってそのまま突き進み、傷口を広げてしまうことが多いというのです。

「何かを決める」というと、つい身構えてしまいがちですが、まずは「この決定は一方通行なのか、往復可能なのか」を区別して、後者ならできるだけ迅速《じんそく》な決定をして実行に移します。そのうえで「ちょっと間違ったな」と分かれば反省してやり直し、「これは良い」となれば徹底してやり抜くことで、人は「スピード」を手に入れることができるのです。

WORDS OF JEFF BEZOS

21

決断には「7割」で十分

ほとんどの場合、欲しい情報のうち
7割くらい得られたら、おそらく
もう決定すべき時期です。9割になるまで
待っていたら、たいてい手遅れでしょう。

▼『ベゾス・レター』

「すべての条件が整うのを待っていたら、手遅れになってしまう」

「全会一致では遅すぎる。7割が賛成するくらいがちょうど良い」

これらは「意思決定のタイミング」に関してアマゾンで言われている言葉です。

「どのタイミングで決定するか」は案件によって違いがありますが、はっきりしているのは「すべての条件が整っている」「すべての判断材料が揃っている」とか、「みんなが賛成している」という状態では完全に「手遅れ」だということです。

にもかかわらず、多くの企業でしばしば言われるのが「まだ条件が整っていない」「まだ判断材料が少なすぎる」を理由とした「ノー」です。そこにあるのはリスクへの恐れであり、決定者として責任を負いたくないという自己保身ですが、「決断に時間をかける」という贅沢《ぜいたく》はもはや許されないというのがジェフ・ベゾスの考えです。

すべてが揃うのを待って決定すれば、リスクへの不安はなくなりますが、同時に「もはや手遅れ」という事態になります。軽はずみに駆け出すと時に大けがをしますが、時間をかけすぎると、できたはずのことまでできなくなってしまうのです。

WORDS OF JEFF BEZOS

22

アイデアは考え抜き、簡潔に伝えろ

当社では、パワーポイントを使ったプレゼンテーションは行いません。作成するのは、叙述《じょじゅつ》形式の「6ページメモ」です。

▼『ベゾス・レター』

会議やプレゼンテーション用に、たくさんの図表を入れた数十ページに及ぶ資料を作成して、参加者を前に延々と説明をする人がいます。そこにかけた労力は膨大なものですが、その時間に見合っただけの効果が本当にあるのかというと、はなはだ疑問です。

一方、ジェフ・ベゾスが求めるのは「叙述形式の6ページメモ」です。企画者はプロジェクトの背景やその重要性、よくある質問への答えや、顧客は誰で、顧客にどんなメリットがあるのかなどをまとめたメモを作成します。会議は、参加者が最初に30分かけてメモを読み込んだうえで、メモについての鋭い質問をする、という流れで進められます。

ページ数はわずか6ページですが、企画者は約1週間かけて作成します。書き終わってから書き直し、同僚に意見を聞いてさらに書き直す、という作業を繰り返すため、これほどの時間がかかりますが、だからこそ6ページメモの質は高く、会議も意義あるものになるというのがベゾスの考え方です。

企画者に求められるのは「考え抜く」ことと、「分かりやすく伝える」ことです。この2つがあるからこそ良い企画が生まれ、迅速《じんそく》な決定が可能になるのです。

WORDS OF JEFF BEZOS

23

「時間の単位」を変えて考えろ

今は10分が長期を意味する時代となりました。

▼『果てなき野望』

ジェフ・ベゾスの特徴は「短期間での実行を求める」ところと、「長期でものを考える」ところにあります。一見すると矛盾するように思えますが、ベゾスには良いアイデアがあれば時間をかけることなくすぐに実行する一方で、その成果に関しては焦ることなく、時に3年、5年、7年という時間をかけてでも目標を達成してみせるという根気強さ、辛抱強さが備わっています。この両方ができるところにこそ、ベゾスの強さの秘密があります。

ベゾスの時間へのこだわりを示すエピソードはたくさんあります。

アマゾンが株式公開の準備を進めていた頃、証券取引委員会の定めで7週間は取材を受けられないと知ったベゾスは「インターネット界の7週間は、現実世界の7年だ。7年も事業を遅らせなければならないなんて、とても信じられない」と驚いています。

また、将来の予測数字を求められると「このような環境で、20分より先の未来を考えるなど時間の無駄だ」と言い返してもいます。さらに、あるインタビューでは「今は10分が長期を意味する時代になりました」とも言っていました。

アマゾンと戦うためには、これほどのスピード感が求められているのです。

WORDS OF JEFF BEZOS 24

お客さまにとっても時間は「大切な資源」だ

私は最も貴重な資源は時間であるという、20世紀後半によく言われた理論を今も踏襲《とうしゅう》しています。

▼『アマゾン・ドット・コム』

時間はすべての人に平等にあり、誰一人その時間を増やすことも減らすこともできません。何かを成し遂げたい人にとって、時間はいつだって最大の制約条件になるというのは、今も昔も変わらない時間への考え方です。当然、時間へのこだわりの強いジェフ・ベゾスがオンライン書店を始めるにあたって、その点を無視することはありませんでした。

「私は、最も貴重な資源は時間であるという20世紀後半によく言われた理論を今も踏襲しています。お金と時間を節約できるなら、みんな気に入ってくれますよ」

アマゾンでは、リアルの書店のように本の匂いをかぐことも、気の向くままにページをめくることもできませんが、欲しい本を安く、簡単に、素早く手にすることができます。

どちらを好むかは個人の問題ですが、「時間を節約する」という点に関しては圧倒的にアマゾンが勝っていました。

自分の時間を大切にする人はたくさんいますが、相手の時間、お客さまの時間まで大切にしようという人は案外少ないものです。ベゾスの時間へのこだわりがお客さまの利便性を高め、読書を手間も時間もかからない経済的なものにしたことが、アマゾンに成功をもたらしたのです。

WORDS OF JEFF BEZOS 25

計画を立て、書き出せば視野が広くなる

現実は決して計画通りにはいかない。しかし、計画を立て、それを書き表すというトレーニングによって、考え方や気持ちが整理され、気分も良くなってくるんだ。

▼『アマゾンをつくったジェフ・ベゾス』

「ＰＤＣＡのサイクルを回す」と言うように、物事を始める前にはまずしっかりとした計画を立てる、というのがビジネスのセオリーの1つですが、一方で計画と現実にズレが生じた時にはどうすべきかもまた重要なテーマです。

アマゾンの創業前、几帳面な性格のジェフ・ベゾスは30ページにも及ぶビジネスプランをつくり上げています。

その事業計画には、緩やかな成長と急速な成長の2つのシナリオが併記されていましたが、どちらの数字もすぐに達成してしまっただけでなく、「ある週に決めたことが、翌週にはもう変わる」というほどの凄《すさ》まじい変化と成長を続けることになったのです。ベゾスによると、「当時のネット利用者の新し物好き」は予想を遥かに超えるものだったのです。

その一方で、ベゾスはこうも言っています。

「変化のスピードが速く、やるべきことが次々と出てくる時代には、過去に立てた計画に奴隷のように従うなんて実に馬鹿げたことですよ」

アマゾンの成功は、ベゾスの計画する力と、計画にとらわれることなくひたすらに「速く大きくなる」ことを追い続ける姿勢によってもたらされたのです。

WORDS OF JEFF BEZOS 26

急げ、しかし、準備は万全を期せ

アマゾンは準備が完璧に終わらない限り、事業を開始しない。

▼『週刊東洋経済』

インターネット・ビジネスの特徴の1つは「走りながら修正していく」ことです。まずは製品やサービスを世に出し、ユーザーの声を聞きながら改善するのです。

一方、ジェフ・ベゾスは「急ぎながらも最初から完璧を目指す」やり方を好みます。2012年10月、日本でアマゾンの「キンドルストア」がスタートした際、記者から「開始すると予告してから4カ月が経っています」と、時間がかかったことを指摘され、「アマゾンは準備が完璧に終わらない限り、事業を開始しない」と答えています。

サービス開始の遅れは「いかに日本語を美しく表示するか」など、技術的なことにこだわった結果だというのがベゾスの言い分でした。たしかに、ベゾスはアマゾンの立ち上げにあたっても「インターネット・ラッシュ」を前に「急がなければ」と思いつつ、サービス開始まで1年をかけています。その間、テスト版の公開を含む入念な準備を行ったのは、ベゾスの「完璧主義」のなせる業でした。

そのかいあって、正式サービスを開始してからも新たな問題が起きることはほとんどありませんでした。仕事にはスピードが求められます。かといって稚拙《ちせつ》さは許さないのがベゾスの流儀なのです。

WORDS OF JEFF BEZOS

27

チャンスに気付いても、行動に移す人は少ない

年に2300%も成長しているとなると、すぐに行動に移さなければなりません。その切迫感が一番重要な強みになるんです。

▼『アマゾン・ドット・コム』

ジェフ・ベゾスがインターネットの急成長に気付いたのは、1994年初めのことです。ウェブの使用状況を調査したベゾスは、電子商取引が「1年で2300%という驚異的な速度で成長している」ことを知り、「今日はまだ目につかなくても、明日になれば巷《ちまた》に溢《あふ》れるようになる」と直感、すぐに行動を起こしています。同年7月には早くも会社を設立し、翌95年7月にアマゾンの事業をスタートさせました。理由はこうです。

「年に2300%も成長しているとなると、すぐに行動に移さなければなりません。その切迫感が一番重要な強みになるんです」

街にはたくさんの書店があります。もし彼らが「インターネットで本を売る」というアイデアに気付いたなら、何も持たないベゾスの出る幕はありません。

やるなら誰も行動を起こしていない時期に限ります。それも、できるだけ早く始め、できるだけ早く大きくしなければなりません。その思いがベゾスの背中を押しました。

言い古されたことですが、チャンスの女神には前髪しかありません。目の前にあるチャンスを見送れば、次にチャンスが訪れることは、ほとんどないのです。

WORDS OF JEFF BEZOS 28

目的は見失わず、事業計画は臨機応変に

ビジョンには頑固ですが、ディテールには柔軟です。

▼『ジェフ・ベゾスかく語りき』

計画よりチャンスへの対応を優先して創業時から事業計画を持たなかったグーグルと違い、ジェフ・ベゾスの場合はしっかりとした事業計画を作成していたものの、現実は良い意味で「計画通り」に進むことはありませんでした。計画書には緩やかな成長と急速な成長の2つのシナリオが描かれていましたが、いずれもまたたく間にクリアしてしまったのです。

しかし、事業がどんな状況でも、最初に打ち立てたビジョンには忠実でした。そのビジョンとは、1つ目は、常に顧客中心に考えること。2つ目は、発明を続けること。そして3つ目は、長期の視点で取り組むことです。ベゾスは将来、どんなビジネスを手がけるのか、どんな規模になるのかについては明言していませんが、この3つはしっかりと守り続けると断言しています。「ビジョンには頑固ですが、ディテールには柔軟です」という言葉が、ベゾスの流儀をよく表しています。

企業には、こうした頑固さと柔軟さが欠かせません。守るべきものは守り、変えるべきものは日々変えていく。それができて初めて、企業は成長し続けることができるのです。

WORDS OF JEFF BEZOS

29

「時間がかかる」という言い訳に耳を貸すな

48時間あればできるはずだ。
私はそうしたいんだ。
実行しよう。

▼『アマゾン・ドット・コム』

イノベーターの特徴の1つは、スピードへの執着にあります。マイクロソフトの創業者ビル・ゲイツは、部下たちの成果に「なんで2日前にしなかったんだ」と、理不尽とも言える言葉を平気で投げかけていますし、アップルの創業者スティーブ・ジョブズも「3カ月かかる」と言う部下に、「僕はね、1晩で成果を上げてほしいんだよ」と言い放っています。

ジェフ・ベゾスも「即実行」の人です。

1998年、アマゾンに掲載されている書籍の売上ランキングの更新を、24時間おきから1時間おきにしようというアイデアが出たことがあります。今ではお馴染みの機能ですが、その時はその場にいた誰もが「ばかばかしい」と思ったといいます。そこで、ベゾスはこう言いました。

「48時間あればできるはずだ。私はそうしたいんだ。実行しよう」

たいていの企業は「やるかやらないか」に時間をかけますが、ベゾスの特徴は「迅速《じんそく》に決定を下して、それをやり遂げる」ところにあります。良い考えが浮かべば、たとえばかばかしいと思われようとも、たとえ難しくとも、無理をしてでも実行して、ダメなら潔《いさぎよ》くやめればいい。そんなスピード感溢《あふ》れる行動志向こそがアマゾンを急成長させたのです。

WORDS OF JEFF BEZOS

第四章

すべてはお客さまのために

WORDS OF JEFF BEZOS

30

お客さまに近い企業であり続けろ

私は今でも、お客さまからのメールが届くアドレスを持っています。

▼『ベゾスレター』

ある企業の経営者が「組織図はトップが上にいるピラミッド型ではなく、お客さまと、お客さまに直接接している人間が上にいる逆ピラミッドにした方が良い」という話をしていたことがあります。

社員に職を保証しているのは、トップではなく、商品を買い、サービスを利用してくれるお客さまである、というのが、この経営者の発想の根底にあります。

ところが、ほとんどの企業では、お客さまと最も近い人たちが下にいて、上に行くに従ってお客さまと遠くなっていくのです。これでは「お客さま第一」もキャッチフレーズだけになりがちです。

アマゾンは今や世界的大企業ですが、創業当時の気持ちを忘れないようにするためか、ジェフ・ベゾスは今も「お客さまからのメールが届くアドレス」を持ち、気になる内容のメールがあると、「この問題について調べてくれるかな?」「なぜこんなことになっているのか?」という意味の「?」をメールにつけて担当者に転送するといいます。

企業が大きくなると、どうしてもお客さまの声が届きにくくなりがちですが、成長し続けるためには、お客さまに近い企業であり続けることが何より大切なのです。

WORDS OF JEFF BEZOS

31

「やりすぎでは」というほどの姿勢で取り組め

初めてのことをしようと思えば、そこまでしなくてもと思われるくらい熱心かつ根気よく作業を進める必要があります。

▼『ワンクリック』

アマゾンの創業前、ジェフ・ベゾスは「本を売る」仕事について学ぶために、独立系書店の業界団体・全米書籍販売業者協会が主催する、書籍販売についての4日間の入門講座を受講しています。

そこで、協会のリチャード・ハワース会長が紹介した、店の前に止めた車が汚れたというクレーム客の車を洗車して店のファンにした、というエピソードを通して、カスタマーサービスにはやりすぎるということはなく、書籍ビジネスでも「やりすぎでは」と思われるほどのサービスを行う必要がある、ということを学び、アマゾンを世界でも有数の顧客サービスを行う会社にしようと、改めて決意を固めました。

また、ベゾスは父方の祖父ローレンス・プレストン・ガイスが営む牧場で16歳まで毎夏を過ごしていますが、そこで学んだのが、問題が起きたら、誰かを頼るのではなく、何でも自分でやるという「自存的な姿勢」と、根気よく熱心に取り組む姿勢でした。

何かをやる時は、やりすぎでは思えるほどに丁寧に根気よく、徹底的に熱心にやり続ける。そうすれば、たいていのことはうまくいく、というのがベゾスの経営哲学です。

WORDS OF JEFF BEZOS 32

「競争」より「より良く」を追い続けろ

内的な改善動機（お客さまに凄《すご》いと言わせたいという意欲）があれば、革新のスピードが落ちることはないのです。

▼『ベゾスレター』

ある企業が大成功を収め、市場での地位を確立してしまうと、その市場ではさらなるイノベーションが起きにくくなると指摘したのは、アップルの創業者スティーブ・ジョブズです。同様に、スポーツの世界でも、「絶対王者」と呼ばれるほどの無敵の存在になると、さらなる高みを目指すことがとても難しくなるといいます。なぜなら、企業も人もライバルがいて、激しい競争の中で戦うからこそ「もっと」という意欲をかき立てることができるのです。

しかし「AWS」はクラウドサービス市場で3割を超えるシェアを誇る圧倒的な勝者でありながら、それに安住することなく、最新のサービスを次々と投入する一方、サービス開始以来業界の慣習を無視して、価格の引き下げを60回以上も行っています。

ライバルとの闘いという「外的な改善動機」のない中、なぜこれほどの改革を続けることができるのでしょうか？ジェフ・ベゾスはその理由について、お客さまに凄いと言わせたいという意欲さえあれば「革新のスピードが落ちることはない」と言い切っています。

常にお客さまを意識すれば、新しいアイデアはいくらでも生まれてくるのです。

WORDS OF JEFF BEZOS 33

改革を怠らず、他社に追いつかせるな

お客さまは当社へのロイヤリティを持っていますが、そのロイヤリティが続くのは、他社が当社より良いサービスを提供する瞬間までです。

▼『ベゾスレター』

「どんなに優れたサービスも、時が経てば当たり前になる」というのは、「宅急便」を開発したヤマト運輸の元社長・小倉昌男の言葉です。1社が成功すれば次々と追随者が現れます。勝ち続けるためには、現状に満足することなく、より良いサービス、より優れた製品を提供し続けることが何より大切です。

ジェフ・ベゾスは新規顧客の獲得にももちろん力を入れましたが、それ以上に「今いるお客さま」のために「自分が顧客の立場ならどうしてもらいたいか」を考え、常に顧客の側に立ったサービスを提供するように社員に求め続けています。

2012年、「キンドル」各機種の価格が安すぎることを聞かれたベゾスは「顧客との継続的な関係を築くことがアマゾンのビジネスモデルだ」と答えているように、今いるお客さまを「ファン」として長くつなぎ留めておくことこそベゾスが常に考えていたことです。

優れた製品やサービスを生み出しても、改革の努力を怠れば、いずれは他の企業がもっと優れた製品やサービスを生み出して顧客を奪っていきます。ベゾスにとって大切なのは、常にアマゾンが他社よりも良いサービスを提供できるように投資し、改革を推し進めていくことなのです。

WORDS OF JEFF BEZOS 34

お金を使う目的を見極めろ

お客さまにとって重要なことにお金を使い、
そうでないものには使わない。
その象徴が「倹約」なのです。

▼『ベゾスレター』

2011年にアマゾンがタブレット型端末「キンドル・ファイア」を発売した際、最初の価格は199ドルと格安なものでした。理由を聞かれたジェフ・ベゾスは「自分たちは高いマージンで商売するような贅沢をしてこなかったので、今さらそれをしてみる理由もありません」と答えました。ベゾスにとって大切なのは「お客さまのためにお金を使う」ことであり、そのためには、社員はムダを徹底的に省き、贅沢をしないことが大切だと言い続けています。

よく知られているのが、創業時にベゾスがホームセンターで買ってきたドアの板を使って机をつくったエピソードです。以後もアマゾンが同様の机をつくり続けているのは、「お客さまにとって重要なことにお金を使い、そうでないものには使わない」という理由からです。その象徴が手づくりの机であり、「倹約」なのです。

ベゾスはさらに「倹約の精神」は「創意工夫、自立心、発明を育《はぐく》む源になる」とも考えています。トヨタ式に「困らなければ知恵は出ない」という言葉がありますが、人はものやお金、時間が足りない中で懸命に考えるからこそ知恵が出るというのもたしかです。ベゾスにとって「倹約」はそれほどに大切なものなのです。

WORDS OF JEFF BEZOS 35

見るべきは「ライバル」ではなく「お客さま」

アマゾンにはライバル企業のリストがない。ライバルを見て戦略を決めても、顧客と向き合わなければ何も発明は生まれない。

▼『週刊東洋経済eビジネス新書』

企業はいつも同業他社の動きに神経をとがらせています。「ビジネスの世界で最も危険な言葉は5つの単語で表現できます。『Everybody else is doing it』（他の誰もがやっている）」は、アメリカの投資家ウォーレン・バフェットの言葉ですが、それでも、誰もが同業他社を見て、「あそこがやっているから」と、同じことをやろうとするのが現実です。

しかし、そんなことを続けていては、他社を圧倒することはできません。ジェフ・ベゾスがこだわるのは「低価格」「最高の品ぞろえ」「速くて便利な配送」という、カスタマーエクスペリエンス（顧客視点での体験）の3本柱の充実です。顧客サービスに魔法は存在しません。顧客にとって大切な「良いものをより速くより安く」を徹底することこそベゾスの考える「優れた顧客サービス」なのです。

ベゾスは「ライバルを見て戦略を決めても、顧客と向き合わなければ何も発明は生まれない」と言い続けています。今やアマゾンのライバルはあらゆる業界に広がっていますが、それでも神経を使うのは他社の動きではありません。見るべきはライバルではなくお客さまである、というのがベゾスの考え方なのです。

WORDS OF JEFF BEZOS 36

答えは顧客が教えてくれる

オンライン事業の素晴らしい点の1つは、何か間違ったことをしていないか、どうやったらもっとうまくやれるかという疑問に対する答えを顧客が教えてくれることです。

▼『アマゾン・ドット・コム』

ものづくりの難しさは、長い時間をかけての耐久テストなど、万全の準備を重ねたとしても、実際に市場に出して、顧客に使ってもらわないと、本当の問題が見えてこないところです。

一方、アマゾンのようなインターネットを使ったサービスは、公開直後から多くの人に使われ、フィードバックも早いので、早い段階で問題に気付き、解決することが可能です。それだけに、顧客の不満や改善要求に対して、どれだけ迅速《じんそく》かつ的確な対応をするかが、企業の信頼を左右するとも言うことができます。

創業間もない頃、80歳の老婦人から梱包を開ける大変さをメールで訴えられたジェフ・ベゾスは、すぐに改善を指示していますし、CDを取り扱い始めた頃、サイトに載っていた「必須CD」が「的外れだ」と抗議された際にもすぐに対応することで、リストを完璧なものに仕上げています。

ベゾスによると、オンライン事業の素晴らしさは「何か間違ったことをしていないか、どうやったらもっとうまくやれるかという疑問に対する答えを顧客が教えてくれる」ところです。顧客の声といかに向き合うかに、インターネット・ビジネスの難しさと素晴らしさがあります。

WORDS OF JEFF BEZOS 37

悪い情報も伝えてこそフェアなビジネスになる

我々はものを売って儲けているんじゃない。買い物についてお客さまが判断する時、その判断を助けることで儲けているんだ。

▼『果てなき野望』

アマゾンが世界で初めて生み出したサービスはいくつもありますが、中でも販売の常識を打ち破ったのが「カスタマーレビュー」です。カスタマーレビューには、お客さまが自分が買った商品を採点し、自由に感想を書くことができます。当然、良い評価も悪い評価もありますが、ジェフ・ベゾスはレビューをすべて掲載することにしました。

当初、レビュー機能への反応は最悪でした。リアルの書店でも「おすすめ本のレビュー」はありますが、「酷評したレビュー」が掲示されることはありません。マイナス情報はできるだけ伝えたくないというのが売り手の本音ですから、売り手が「これは酷い」というレビューを載せるなど、常識では考えられないことでした。しかし、ベゾスは「良い評価、悪い評価」を共に載せてこそ「お客さまのためになる」と考えていました。こう話しています。

「我々はものを売って儲けているんじゃない。買い物についてお客さまが判断する時、その判断を助けることで儲けているんだ」

こうしたベゾスの考えの通り、カスタマーレビューによってアマゾンはお客さまの強固な信頼を手にしたのです。

WORDS OF JEFF BEZOS 38

宣伝より顧客体験の充実を

現在は時間、エネルギー、資金の70％を優れた顧客体験の実現に使い、残りの30％を宣伝に使う時代になっているんです。

▼『アマゾン・ドット・コム』

「どれだけ宣伝を打ったところで、失敗作をヒット作に変えることはできない」は、スティーブ・ジョブズの言葉です。優れた製品があってこそ宣伝は生きる、という意味です。

ジェフ・ベゾスも宣伝の力は十分に理解していましたが、その前提には優れた製品やサービスによる、優れた顧客体験が欠かせないと信じていました。

ベゾスによると、インターネット・ビジネスが盛んになる以前、古い時代の企業では、時間、エネルギー、資金の30％を素晴らしい顧客体験をつくり上げるために使い、残りの70％を宣伝に使っていましたが、今という時代はその比率が逆転していると言います。いくら巧みに宣伝して、とりあえず顧客を引き込んだとしても、製品やサービスの質が低ければ顧客は二度と使ってくれません。

アマゾンにとって、最も大切なことは「顧客との約束を守る」ことです。もし注文した品物が約束した日に届かなければ、それだけでアマゾンへの信頼は崩れます。大切なのは「巧みな宣伝」ではなく、「約束を守る」という姿勢なのです。

大切なのは、優れた顧客体験を実現し、顧客が口コミで広めてくれるほどの製品やサービスを提供することなのです。

WORDS OF JEFF BEZOS

39

「口コミ」を制する者が勝者となる

満足を得られなかった顧客は現実の世界では5人の友人にその不満について話をするだけだが、インターネット（中略）の顧客は5000人に不満を広める。

▼『アマゾン・ドット・コム』

インターネットが発達したことで最も大きく変化したことの1つは、情報の伝達スピードが圧倒的に速く、その広さが圧倒的に大規模になったことです。良いものも瞬く間に広がる一方で、問題が起きるとすぐに「炎上」します。

「満足した顧客は、製品が良かったことを平均3人に話すが、不満のある顧客は、平均11人に不平を漏らす」は、アメリカの経営学者フィリップ・コトラーの言葉ですが、ジェフ・ベゾスはもはやその程度の広がりではないことをよく理解し、こう言い換えています。

「満足を得られなかった顧客は現実の世界では5人の友人にその不満について話をするだけだが、インターネット上で顧客の期待に背くようなことがあれば、その顧客は5000人、もしかしたら5万人に不満を広めることになる」

ベゾスは、アマゾンのサービスを開始してすぐに「口コミ」の持つ効果を実体験したことで、決して「人々をがっかりさせるようなことはしてはならない」と考えるようになりました。

1人の「いいね」からたくさんの顧客が訪れることもあれば、1人の「がっかり」で信用が崩れ去ることもあるのが「今」という時代です。

WORDS OF JEFF BEZOS 40

顧客というハンターを惹きつけろ

顧客は完璧に近い情報を得ることになります。これを理解せず、考慮に入れずにビジネスプランを打ち立てようとする販売者は、大きな問題を抱えることになります。

▼『アマゾン・ドット・コム』

インターネットを利用した製品の販売は便利なものですが、利便性の一方で、顧客による「価格比較」に身を投じることを意味しています。2007年、グーグルの台頭に苦しむ既存メディアの重鎮が「グーグルが社会にどんな貢献をしているのだ」と食ってかかった時、グーグルの創業者の1人サーゲイ・ブリンはこう答えました。

「ちゃんとした情報を持っていれば、人はもっと良い選択ができる」

ものを買う時に、価格などがすぐに分かり、かつ比較検討ができれば、自分にとってベストの買い物ができます。

株主の1人から、こうした顧客の行動を「懸念しているか？」と聞かれたジェフ・ベゾスは「ある意味では気にかかっています」と断ったうえで、「それが電子商取引のやり方です。顧客は完璧に近い情報を得ることになります。これを理解せず、考慮に入れずにビジネスプランを打ち立てようとする販売者は、大きな問題を抱えることになります」と答えています。

顧客による比較検討が当たり前なら、顧客にとって「より良いものを、より速く、より安く」提供する方法に磨きをかけていけばいい。それがベゾスの流儀です。

WORDS OF JEFF BEZOS

41

すべては顧客との「接点」で決まる

顧客がアマゾン・ドット・コムのことを知る数少ない接点は、ウェブサイトと郵送で受け取る本だけであり、倉庫がなければ会社は存続しない。

▼『アマゾン・ドット・コム』

アマゾンと他のネット通販会社との大きな違いは、自前の倉庫や物流網にどれだけ投資をしているかです。

アマゾンの創業当初、ジェフ・ベゾスは在庫を持たないビジネスモデルを考えていましたが、すぐに宗旨替えして物流倉庫の充実に乗り出しています。

理由は倉庫こそがアマゾンの生命線であることを理解したからです。初期の頃、ベゾスは倉庫を頻繁に訪れては仕分けや梱包を手伝い、倉庫の仕事がブランドイメージをつくるうえでいかに重要かをスタッフに説いていました。

企業のブランドは、広告だけで築くことはできません。ビジネスの世界では顧客が製品やサービスに接する瞬間を「真実の瞬間」と言います。顧客は企業とのたくさんの、そしてほんの短い接点を通して信頼感を持ち、そしてファンへと変わっていく。それは信頼を失う時も同じである、という意味の言葉です。大切なのは顧客と企業の接点を常に「約束通りの場」にしておくことです。

コロナ禍で配送の遅れが生じた時、ベゾス自らが物流拠点に出向いて社員を鼓舞し、40億ドルの対策費を投じて問題を解決したところに、ベゾスの本気が現れています。

WORDS OF JEFF BEZOS

42

危機にあっても「自社の強み」は守り抜け

会社の成長が頭打ちになった時でも、（アマゾンは）現在のサービス水準を確実に提供し続ける。

▼『アマゾン・ドット・コム』

企業の業績が悪化した時、しばしば行われるのが「聖域なき改革」です。しかし、必要ではあっても、やり方を間違えると、お客さまの支持という最も大切なものを失うことにもなりかねません。

創業以来、急成長を続けていたアマゾンも、2000年に訪れたインターネット・バブル崩壊の影響を避けることはできませんでした。アマゾンの株価は90％以下にまで下落し、インターネット企業の中で最大の赤字企業となったことで、2001年には当時の全社員の15％にあたる1300人の解雇もしています。

さすがのジェフ・ベゾスも「これからは地歩を固める—黒字にする」というメールを社員に向けて送っていますが、その一方で、アマゾンの生命線とも言える「顧客サービス」に関しては決して手を緩める気はなく、こう言い切りました。

「会社の成長が頭打ちになった時でも、現在のサービス水準を確実に提供し続ける」

ベゾスは、コストカットを進める一方で、取り扱い品目の拡大などは着々と進め、サービスのさらなる向上に努めています。顧客サービスという聖域を守り抜く選択こそが、アマゾンを立ち直らせ、世界屈指の企業へと成長させたのです。

WORDS OF JEFF BEZOS

43

顧客の要望は「改善のヒント」

顧客は常に正しい。

▼『アマゾン・ドット・コム』

顧客からの「要望」や「苦情」を「厄《やっ》介《かい》事」と考えるか、「改善のヒント」と考えるかで、企業のありようは大きく変わることになります。ジェフ・ベゾスは「顧客は常に正しい」と考えることで、顧客のニーズに応える製品やサービスを生み続けています。

アマゾンが正式にスタートした初日から、ベゾスは顧客の要望には可能な限り応えようとしてきました。返品・交換の期間を原則15日以内から30日に延長するなど、顧客に自分たちのサービスに合わせてもらうのではなく、サービスを顧客の要望に合わせるようにしています。

そのためにベゾスが力を入れているのが、カスタマーサービスの充実です。さまざまな連絡手段を用意するだけでなく、カスタマーサービスの担当者に権限を与えることで、常に最善を尽くそうとしています。

つくり手や売り手の論理と、買い手である消費者の論理は、往々にして食い違います。そんな時、企業が自分たちの論理に従い、顧客に「わがままを言うな、合わせろ」と言うのではなく、「顧客は常に正しい」と考え、自らを変えていく努力を積み重ねてこそ、顧客の支持や信頼を勝ち取ることができるのです。

WORDS OF JEFF BEZOS 44

ロールモデルとされる企業を目指せ

私はアマゾンを
地球上で最も顧客中心の会社にして、
多くの組織のロールモデルになりたい。

▼『週刊東洋経済』

人が成長するうえで「良きロールモデル」（行動の規範となる人）を持つことはとても大切なことです。

2011年、スティーブ・ジョブズが亡くなった日、「イノベーションを大切に思うすべての人にとって、今日はとても悲しい日だ」とその死を悼《いた》んだように、ジェフ・ベゾスはジョブズを尊敬し、ジョブズと同じように、お金や名誉よりも優れたサービスや製品によって世界を変えたいという強い使命感を持っています。

さらにベゾスは、敬愛するウォルト・ディズニーがつくった「ディズニー」のような大きな使命感を持つ企業に憧れ、アマゾンもそうありたいと願っています。

また、巨大企業となった今では、こうも考えています。

「私は1つの企業のためだけでなく、より大きな使命感を持っている会社が好きだ。私はアマゾンを地球上で最も顧客中心の会社にして、多くの組織のロールモデルになりたい」

ベゾスは優れた製品やサービスを提供することで世界を変えるだけでなく、アマゾンという企業を多くの人にとってのロールモデルとなるような優れた企業に成長させることによっても、世界を変えていきたいと願っているのです。

WORDS OF
JEFF BEZOS

第五章

長期の視点でものを見る

WORDS OF JEFF BEZOS

45

イノベーションには「長い忍耐」が欠かせない

5年、7年、10年と待つつもりで進めなければなりません。でも、10年待てる会社はなかなかないのです。

▼『ワンクリック』

「開発に成功するまでに1のエネルギーが必要だとすれば、商品を試作するのに10倍。それから商品化するのに100倍。最終的に利益が出るまでに1000倍はかかる」は、ソニーの創業者の1人・井深大《いぶかまさる》の言葉です。大企業でなぜイノベーションが生まれにくいのかと言えば、資金や人材だけでなく、相当の我慢強さが求められるからです。

アマゾンは、サービス開始からわずか2年で株式公開するなど、短期間で成功を収めていますが、「キンドル」の開発に関しては長い時間がかかっています。開発に2年以上の歳月を要しただけでなく、発売後も根気強い改良と出版社とのハードな交渉を続けながら、電子書籍の時代を切り開いています。ジェフ・ベゾスは「大企業がまっさらな状態からイノベーションを起こす時、5年、7年、10年と待つつもりで進めなければなりません。でも、10年待てる会社はなかなかないのです」と言っています。

イノベーションには、長い時間や忍耐、そして資金が必要になります。もちろん失敗の恐れもあるだけに、大企業はイノベーションから遠ざかりがちになります。しかし、最終的に成功すれば、大きな成果が得られるのです。

WORDS OF JEFF BEZOS

46

長期で考えるからこそ「不可能」も「可能」になる

時間軸を延ばしていくと、そうでなければやろうとさえ思わなかったような事業に乗り出すことが可能になります。

▼『ジェフ・ベゾスかく語りき』

「代表はサッカーのうまい11人、あるいは22人の寄せ集めではない。日本という国が長い時間をかけて育《はぐく》み熟成させてきたサッカー文化から出てきた最良の上澄みが日本代表だ」は、元日本代表監督フィリップ・トルシエの言葉です。

たしかに、スポーツでも研究でも経営でも「時間をかけて」こそ成果が出るものは少なくありません。ジェフ・ベゾスは何をやるにもスピードを重視しますが、一方で事業は「すべて長期にわたる計画だ」と考えていました。

「もしすべての仕事が3年間という時間軸の中で行われねばならないとしたら、たくさんの競合と戦うはめになります。しかし、それを7年で考えれば、競合の一部と戦うだけですみます。そうやって時間軸を延ばしていくと、そうでなければやろうとさえ思わなかったような事業に乗り出すことが可能になります」

宇宙事業や新しいエネルギー源の開発などは、いつ成果が上がるかを断言するのは難しいものですが、長い時間軸で考え、忍耐強く、信念を持って取り組めばきっとできるというのがベゾスの考え方です。

時間軸を延ばすことは、スピードと並んで、競争の大きな武器なのです。

WORDS OF JEFF BEZOS 47

外の評価に一喜一憂せず内なる成長に集中しろ

株価が間違えている間も、社内ではすべてが正しい方向に進んでいました。

▼『ベゾス・レター』

企業を評価する尺度の1つが「株価」であり、「時価総額」です。今やアマゾンの時価総額は170兆円（2021年1月末）を超え、世界トップレベルですが、今から20年余り前には株価が1年足らずで10分の1以下に下落するという厳しい時代を経験しています。

インターネット・バブルの崩壊が原因でした。社内には動揺が広がり、株式市場からは厳しい目を向けられました。さすがのジェフ・ベゾスも「利益を出せる会社」であることを証明しようと、さまざまな手を打たざるを得ませんでした。

しかし、その一方で社員には、株価に一喜一憂せず、自分たちがやるべきことに専念するように呼びかけました。

ベゾスのこうした態度には理由があります。たしかに株価は下がっていましたが、顧客数など株価以外の事業指標はすべて上向きでした。「間違っているのは自分たちではなく株価である」と確信したベゾスが、さらなる顧客サービスの充実に邁進《まいしん》した結果、アマゾンは再び成長軌道へと乗り始めたのです。

株価を気にしすぎると目先の利益を追うようになりますが、ベゾスにとって大切なのは、長期にわたって成長し続ける会社をつくり上げることだったのです。

WORDS OF JEFF BEZOS

48

「大きな事業」も「小さなアイデア」から

新たな事業は大きな可能性があり、革新的で他社と差別化されていなければなりません。ですが、生まれた日から大きな事業である必要はないのです。

▼『ベゾスレター』

アマゾンの仕事の進め方は、グーグルと同じように、たくさんの少人数のチームをつくり、何百というプロジェクトを進めていくというやり方です。

　ジェフ・ベゾスは小さなチームこそが社員の創造性を引き出すことができると考え、大人数の会議やチームを嫌っていたのです。

　なぜなら、どんな大きな事業も最初は小さなアイデアから生まれ、そのアイデアを形にし、仮説と検証を繰り返すことで初めて大きな事業に育つことを理解しているからです。アマゾンが大切にしているのは、他社の後追いや単なる物まねではない、革新的で差別化できる事業なのです。

　しかし、そんな事業は一朝一夕に育つものではありません。それだけに、少人数のチームでアイデアを生み、実験を繰り返すことが大切なのです。結果、「これはいける」という確信が持てたなら、少人数のチームからより大きなチーム、グループ、部署全体へと広げ、大きく育てていくのです。

　どんな大事業も、最初は小さなアイデアから始まります。だからこそ、企業には小さなアイデアを大切にし、それを大きく育てていく仕組みが必要なのです。

WORDS OF JEFF BEZOS 49

「3年先」を見つめて努力しよう

私はこう答える。
「ありがとう。でも、この四半期は
3年前に準備したものだ」と。

▼『ベゾスレター』

大相撲の世界に「3年先の稽古」という言葉があります。力士の実力は一朝一夕につくものではなく、1年、2年、3年と地道な稽古を積み重ねることで初めて強くなる、という意味です。

ビジネスの世界もそうですが、誰しもいきなり大きな成果を上げられるわけではありません。飛行機に長い滑走路が必要であるように、大きく飛躍するためには長く地道な努力の日々を欠かすことができません。

ジェフ・ベゾスの経営戦略の特徴は「長期でものを見る」ところにあります。すぐには利益が出ない事業でも、3年、5年、10年先を見て取り組むことで大きな事業に育て、アマゾンを世界的なIT企業へと成長させたのがベゾスという経営者です。こう言っています。

「四半期決算を発表すると、友人たちは『よくやった。素晴らしい四半期決算だ』と祝ってくれる。すると、私はこう答える。『ありがとう。でも、この四半期は3年前に準備したものだ』と」

その言葉通り、2007年にスタートした電子書籍事業は、2011年には軌道に乗り始め、現在では電子書籍市場のほぼ90%がアマゾンとなっています。

WORDS OF JEFF BEZOS

50

「ゆっくり、たゆまず」こそがスピードを生む

結果を出すには
「ゆっくり、たゆまず」進めるしかなく、
しばらくすれば楽になると
自分たちをだますことはしません。

▼『ワンクリック』

高校時代に宇宙飛行士になることを夢見ていたジェフ・ベゾスは、２０００年に「ブルーオリジン」を立ち上げ、「宇宙旅行を安全・低料金で実現する」という昔からの夢に挑戦しています。それは、ＮＡＳＡに代わる選択肢を民間で提供しようという、とてつもない夢です。

これまでの開発の過程では、無人宇宙船を失うなど手痛い失敗も経験していますが、ベゾスはめげることなく「この難しい仕事を成し遂げることが使命なのだ」と話しています。ブルーオリジンの立ち上げ時に、こう決意を述べています。

「結果を出すには『ゆっくり、たゆまず』進めるしかなく、しばらくすれば楽になると自分たちをだますことはしません」

ベゾスの仕事の特徴の１つは、きちんとしたものができるまで根気よく試行錯誤を重ねるだけでなく、実際に世に送り出した後も丹念に改善を繰り返すことです。手順を飛ばして急いだところで、良い結果が出ることはありません。ゆっくり進めばスムーズに進むようになり、結果的により早く結果が出るというのがベゾスの考え方です。

アマゾンの成功は、実は「辛抱強く、一歩ずつ」という積み重ねの精神によってもたらされたものなのです。

WORDS OF JEFF BEZOS

51

「時代の寵児」ではなく「永続する企業」を目指す

光が当たるところは常にあるんです。
けれども光に溺れてしまってはいけません。

▼『ジェフ・ベゾスかく語りき』

大学生の就職人気企業ランキングには時代が色濃く反映されます。中には長く人気企業であり続けるところもありますが、10年前、20年前のものを見返せば、今ではベスト１００にすら載らず、それどころか存在さえしない企業もあるほどです。

10年くらい前のことですが、グーグルの元ＣＥＯエリック・シュミットが、テクノロジー業界の４人の旗手として、グーグル、アマゾン、フェイスブック、そしてアップル、つまり今で言う「ＧＡＦＡ」の名前を挙げたことがあります。このリストについて問われたジェフ・ベゾスは、マイクロソフトが除外されていることに触れ、「こうしたリストを見て問わなければいけないのは、これが10年前だったら誰がリストに挙がったかということです。それを問うことで謙虚でいられます」と言ったうえで、こう続けました。

「光が当たるところは常にあるんです。けれども光に溺れてしまってはいけません。なぜなら、それは決して長続きしないからです」

「時代の寵児《ちょうじ》」になるよりも、顧客が本当に望むサービスをつくり、提供し続ける。そうすることで初めて、企業は長く成長し続けることができるというのが、ベゾスの考え方です。

WORDS OF JEFF BEZOS 52

すべてを解決する方法は必ずある

問題に遭遇《そうぐう》した場合、我々は、
あちらかこちらかという考え方を
絶対にしません。
両方が得られる方法を見つけるのです。

▼『ワンクリック』

問題にぶつかった時、気付いても見て見ぬふりをする人もいれば、そもそも問題に気付かない人もいます。あるいは、問題を解決しようと立ち向かったものの、解決策が見つからずに投げ出す人もいれば、中途半端な解決策で良しとする人もいます。

ジェフ・ベゾスは、こうしたやり方を良しとすることはありません。「問題に遭遇した場合、我々は、あちらかこちらかという考え方を絶対にしません。両方が得られる方法を見つけるのです。できると信じて努力すれば、どのような箱からでも出られる方法を発明できます」と話しているように、本当に納得のいくものができるまで、実験や発明、改良を粘り強く続けるのがベゾスのやり方です。

問題を根本的に解決することなしに、だましだまし進めていくと、その時は困りませんが、やがて大きな問題となり、顧客の不満を招くことになります。そうならないためには、早い段階で小さな問題を根本的に解決することが重要になります。こうしたやり方は、時間もかかり、面倒に思えますが、実はこれこそが最も確実な解決方法なのです。「解決策のない問題なんてない」が、ベゾスの子ども時代からの信念なのです。

WORDS OF JEFF BEZOS

第六章

利益より成長を

WORDS OF JEFF BEZOS 53

「未来」を「今」の犠牲にするな

利益を出すのは簡単です。
同時に愚かなことでもあります。

▼『ワンクリック』

アマゾンの特徴の１つは、売上や利益に比べて時価総額が圧倒的に高いところにあります。売上高は「流通業界の巨人」ウォルマートの約３分の１にもかかわらず、時価総額はウォルマートをはじめとするアメリカの大手小売業者９社の合計をも上回っているのです。

こうした評価に対して、ある人が「ウォール街の企業を評価する尺度を変えさせたことは、ジェフ・ベゾスの発明の１つだ」と指摘しました。

１９９７年、ベゾスは株主に対し、「利益を出すのは簡単です。同時に愚かなことでもあります。我々は今、利益になったはずのものを事業の未来に再投資しているのです。アマゾン・ドット・コムで今利益を出すというのは、文字通り最悪の経営判断だと言えます」と堂々と宣言したばかりか、今でも利益率の低さを指摘する人たちに対して、「利益率を上げる準備はできているが、一方で積極的に投資している」と一蹴するなど、その方針を変えるつもりはまるでありません。

優先すべきは、目先の利益よりも長期的な利益と成長です。アマゾンを創業して以来、ベゾスにとって最も大切なのは、長期的にものを見て判断することなのです。

WORDS OF JEFF BEZOS

54

素早く「成長」して市場を「支配」しろ

メーカーはたくさんあります。
でも、頭に入れておく価値がある
ブランドというのは、
1つの分野でだいたい3つまでです。

▼『アマゾン・ドット・コム』

ＧＥの伝説のＣＥＯジャック・ウェルチが推し進めた「ナンバーワン、ナンバーツー戦略」の背景にあるのは、市場を支配してこそ企業は強くあることができる、という考え方です。

ジェフ・ベゾスは、アマゾンを創業するにあたり、コストがどんなにかかろうとも、収益が犠牲になろうとも、そんなことはお構いなしに、できるだけ早く市場を支配しておこうというアプローチを行っています。そうすればインターネット・ビジネスの可能性に気付いた他社が入り込もうとしても、簡単には「アマゾン」の牙城は切り崩されることはないという考えからです。ベゾスはこう説明しています。

「テニスシューズのメーカー名を挙げてくださいと言えば、ナイキ、アディダス、リーボックまでは思いつくでしょうが、それ以上は難しくなってきます。メーカーはたくさんあります。でも、頭に入れておく価値があるブランドというのは、１つの分野でだいたい３つまでです。オンラインでも同じ現象が起こると思います」

ゆっくりと成長して「その他大勢」に甘んじるか、素早く他社を圧倒する「巨人」となるか、この選択こそがアマゾンを「最強企業」へと成長させたのです。

WORDS OF JEFF BEZOS

55

成長したければ大きく賭けろ

市場のリーダーとなれる可能性が高いと感じた時は、小さく賭けるのではなく、果敢な投資を行います。

▼『果てなき野望』

経営者にとって、株式市場の期待にいかに応えるかは大いに神経を使うところですが、そんなウォール街の思惑を無視し続けてきたのがジェフ・ベゾスです。

ベゾスは1998年にアマゾンの株式を公開していますが、公開企業となっても自分たちのやり方を貫くという姿勢をはっきり示していました。

一般株主に最初に配布したレターに、ベゾスはこう書きました。

「市場のリーダーとなれる可能性が高いと感じた時は、小さく賭けるのではなく、果敢な投資を行います」

「大きな失敗のない投資ばかりしていたら、株主の皆さんに対して良い仕事ができないということになります」

これがベゾスの「理屈」であり、「皆さんは、失敗もあるということも『予期』しておくべきなのです」が、ベゾスが株主に求めた覚悟でした。

株式市場は、目先の利益で企業を判断しようとしますが、ベゾスが望んだのは「長期的に生み出される、株主としての価値（＝時価総額）」で企業を評価されることでした。そして今、誰もが期待を持ってアマゾンを見るからこそ、アマゾンの時価総額はとてつもなく高いのです。

WORDS OF JEFF BEZOS 56

「投資家のため」ではなく「顧客のため」に働け

投資家は企業の価値を見極めるため
ハードにやっているようだが、
アマゾンも社員全員がハードに働いている。

▼『週刊東洋経済』

投資家やアナリストはいつだって、必死になって「素晴らしい投資先」を探しています。もちろん人によって基準は異なるものの、やはり高い利益、高い株価、高い成長性の3つがそろった企業であれば、それが最も好ましいのです。

その点では、ITバブルの崩壊を乗り越えて以降、利益率はともかく、「キンドル」の投入や「AWS」の圧倒的シェア獲得など、さらなる拡大を続けるアマゾンに、投資家やアナリストが大きな期待を寄せるのは、当然のことと言えます。

並の経営者なら、こうした市場の期待に応えるべく、四半期ごとに素晴らしい数字を上げ、高い株価を実現しようとするでしょうが、ジェフ・ベゾスは、こうした期待に応えるつもりもなければ、数字について語ることもせず、こう言いました。

「投資家は企業の価値を見極めるためにハードにやっているようだが、アマゾンも社員全員がハードに働いている」

大切なのは、投資家やアナリストの評価を良くするために働くことではなく、顧客のために働くことです。「良い企業」かどうかを決めるのは、顧客であり、投資家やアナリストではなく、アマゾンの社員はハードに働いているというのが、ベゾスの考え方です。

WORDS OF JEFF BEZOS

57

目先の利益より、事業の拡大を目指せ

私たちは小さい顧客ベースに対して高マージンで提供するよりも、大きな顧客ベースに低マージンで提供したいのです。

▼『ジェフ・ベゾスかく語りき』

企業が競争に勝つための戦略は2つあります。ブランド力を高め、プレミアムな製品をつくって競合他社よりも高い価格で販売し、大きな利益を手にする方法と、価格競争力を徹底して磨き抜き、同じような製品を競合他社よりも安く販売したとしても十分な利益を確保できるようにする方法です。

アップルが得意とするのが前者の戦略であり、後者の戦略を好むのがジェフ・ベゾスです。ブランド力に磨きをかけ、群を抜いて良いものをつくりたいという点では、ベゾスもジョブズと同じですが、価格という点では、ベゾスは安く提供することにとことんこだわります。ベゾスは2011年発売の「キンドル」を「プレミアム価格のついていないプレミアムな製品」と評していますし、「AWS」についても過去に60回以上も値下げを行うなど、最新のサービスをいかに安い価格で提供するかを追求し続けています。

「プレミアムな製品をプレミアムな価格で」という企業はたくさんありますが、「プレミアムな製品を安い価格で」という企業はほとんどありません。そこに、目先の大きな利益よりも、拡大と顧客との継続的な関係を重視する、ベゾスの特異なやり方がよく表れています。

WORDS OF JEFF BEZOS 58

アマゾンを買えないものがない場所に

我が社の戦略は電子商取引の最終目的地になることです。

▼『アマゾン・ドット・コム』

ジェフ・ベゾスはアマゾンの創業にあたり、「何を売るか」を真剣に検討した結果、「本」を選んでいますが、サービス開始から1年余りが経過した1996年12月には、早くも「本以外への進出とその方法」をテーマに真剣な話し合いを行い、こうも言い始めています。

「我が社の戦略は電子商取引の最終目的地になることです。オンラインで何かを買おうと思った時、うちのサイトに来れば、買いたいと思っているものを探したり、見つけたりするのが簡単にできるという環境にしたいのです」

CDやDVDを扱うようになってからは、さらにはっきりと「我々は自分を書店だと思っていませんし、ミュージックストアだとも考えていません。人々が買いたいと思うものすべてが見つけられる場所になりたいと考えているのです」と言い切っています。

扱う商品が増えれば、在庫も拡大します。利益を生むためにも在庫を減らしたいという社員の反対など無視して、「世界の情報を最短距離で手に入れるには、グーグルを通っていけば良い」と言うグーグルと同様に、ベゾスは「世界の商品を手に入れるには、アマゾンに来れば良い」という道をひた走るのです。

WORDS OF JEFF BEZOS

59

二者択一より二兎を追え

顧客にとって良いことは
株主にとって悪いことという
二者択一でしか
ものを考えられないのは素人だ。

▼『果てなき野望』

ウォール街的な考え方に立てば、企業の役目は多くの利益を上げ、株主に利益を還元することですが、こうした考え方を無視するのがジェフ・ベゾスです。

2000年夏、アマゾンの株価が急降下、すぐに利益を生むための行動を求められているにもかかわらず、ベゾスは大人気の『ハリー・ポッターと炎のゴブレット』を定価の40%引きに加え、通常の配送料金で配本日当日に受け取れるという条件で売り出し、実に25万冊もの注文を受けました。1冊につき数ドルの赤字です。ウォール街の人々は難色を示しましたが、ベゾスは「顧客にとって良いことは株主にとって悪いことという二者択一でしかものを考えられないのは素人だ」と切り返しました。

配本日当日、通常よりも遥かに安い価格で本を手にできた顧客は心から感謝し、配送ドライバーたちも「この仕事をして良かった」と感激しました。このプロモーションは何百もの記事にされ、アマゾンの評価もうなぎ上りになったのです。たしかに、「赤字を生む」という点では株主にとって悪いことでしたが、実際には顧客のために良いことがアマゾンにも良い結果をもたらし、株価で言うと当時の100倍の企業へと成長したのです。

WORDS OF JEFF BEZOS

60

「未来」のことも考えつつ「今」を戦え

利益は企業の血液だが、企業の存在理由ではない。

▼『アマゾン・ドット・コム』

ジェフ・ベゾスほど、赤字であることを誇り、利益が出ないことを堂々と正当化する経営者は珍しいと言えます。ベゾスは株式公開に際し、アマゾンが創業以来多大な損失を被《こうむ》っており、損失は今後も出続け、損失率はさらに大きくなるかもしれないと明言しています。

普通はそんな企業に投資する人はいませんが、ベゾスは現在の損失は将来の大きな売上と大きな利益を得るための戦略であるとして「利益の出ていない企業の巨大な可能性」と、その「正当性」をウォール街に納得させています。

「利益は企業の血液だが、企業の存在理由ではない。血液のために人は生きているわけではないが、血液がなければ生きていけない」

ベゾスは利益の必要性を否定しているわけではありませんが、ベゾスにとっての「利益」はあくまでも「将来の利益」であり、「今の利益」のために「将来の利益」を犠牲にするつもりはないというのです。もちろん「今の利益」を出すことも大変なことですが、「今の利益」を重視しすぎると「将来の利益」を損なうことがあるのも事実です。リーダーは「今の利益」のために戦いながらも「将来の利益」も考えることが大切なのです。

WORDS OF JEFF BEZOS

第七章

優れた企業文化を

WORDS OF JEFF BEZOS 61

ベンチャースピリットを持ち続ける大企業であれ

私にとって本当の問題は、どうやって「1日目」という企業文化を守るのかです。

▼『ベゾス・レター』

ジェフ・ベゾスは、本社ビルの1つに「DAY1」という名前をつけるほど「1日目」にこだわっています。どんな企業もそうですが、創業期の企業では、経営者も社員も一丸となって懸命に仕事をします。やるべきことはたくさんありますが、資金などは限られています。そうした限界がありながらも、知恵を出し、素早く行動し、力を合わせることで成果へとつなげていくのです。

しかし、やがて成功して規模が大きくなると、人やお金は潤沢《じゅんたく》にあっても、敏《びん》捷《しょう》さが失われ、ベンチャースピリットも薄れた、イノベーションのない、面白みのない会社となりがちです。ベゾスはそれを「2日目」と呼びました。ベゾスによると、「2日目は停滞です。その後には迷走（3日目）、衰退（4日目）が訪れ、そして最後は死（5日目）です」。

そうならないためにも、アマゾンは常に「1日目（創業初日）」でなければならないというのがベゾスの考え方です。豊富な資金と有能な人材を多数抱える大企業でありながらも、創業期の熱気やベンチャースピリットを持ち合わせた、言わばベンチャー企業と大企業のハイブリッドこそが、ベゾスの理想とする企業なのです。

WORDS OF JEFF BEZOS

62

「企業文化」をつくり、維持せよ

企業文化は
30%が起業家が心に思い描いた通りの姿、
30%が初期の社員の質、
残りの40%は偶然の作用の混合文化です。

▼『アマゾン・ドット・コム』

お金を儲けることだけが目的なら、企業理念も企業文化も必要ありませんが、社会に貢献し、お客さまから長く愛され、永続する企業をつくりたいと願うのなら、企業理念を会社の隅々にまで行き渡らせ、創業者が「こうありたい」と願う企業文化をつくり上げることが欠かせません。

ジェフ・ベゾスは、アマゾンでの自分の役割の1つは企業文化の維持だと考えています。実際、ベゾスは理想とする企業文化の実現を目指して会社を立ち上げ、早い段階から、自らの理念に共感する、優れた人材の採用にこだわり続けています。企業理念を共有できない人間は、どれほど能力が高くとも、企業の成長にとって害悪でしかないのです。

ベゾスは顧客体験を何より重視しているので、それほど重視しない人がいれば容赦なく叱りつけますし、時に「チーム全員、消えてなくなれ」ときつい言葉を投げつけることさえあるのです。

ベゾスによると、一度根づいてしまった企業文化を変えるのはとても難しいことだといいます。だからこそ、良き企業文化を構築し、浸透させていくことは、企業が永続的に成長していくうえで、最も大切なことの1つと言えるのです。

WORDS OF JEFF BEZOS 63

異議は決まる前に唱えろ

異議を唱えてもいいから、
決まったことには全力で取り組もう。

▼『ベゾス・レター』

「企業あるある」の1つが、会議の場では「全員一致」を表明しておきながら、会議室を出た途端に異議を唱える人たちの存在です。「社長の手前、賛成はしたけど、もっと予算がないと難しいよなあ」「あそこまで言われると賛成するしかないけど、別の仕事に現場の人手を割ける状況じゃないよ」などと口々に異議を唱え、「いざ実行」となっても決して本気になることはなく、「失敗」という結果を招き寄せる人たちです。

これではどんな「決定」も成果につながりませんし、「決定する」意味もありません。ジェフ・ベゾスは、アマゾン社員としての基本的精神を示した「アマゾン・リーダーシップ」の中で、「異議を唱えた後は、納得して力を注ぐ」ことの大切さを説いています。

ベゾスによると、リーダーは同意できないアイデアには「敬意を持って異議を唱える」ことが求められ、安易に妥協することは許されません。しかし、「これでいこう」と決まった時には、納得して全力を注ぐのがアマゾン流なのです。

先ほどのダメな企業と真逆のやり方です。決まるまでの議論は活発に、しかし決まった以上は徹底してやり抜くことが大きな成果を生み出す秘訣なのです。

WORDS OF JEFF BEZOS

64

人材に妥協せず「能力の密度」を高めろ

人は高い水準のものに引き寄せられる。

▼『ベゾスレター』

ネットフリックスの創業者リード・ヘイスティングスによると、優れた会社であるために必要なのは「能力の総和」ではなく、「能力の密度」だといいます。

「能力の総和」はたくさんの社員がいれば自ずと高まりますが、「能力の密度」を高めるためには、数ではなく質の高い人材だけを採用することが必要になります。本当に優秀な同僚に囲まれていると、人はワクワクするし、刺激を受けるし、楽しく、そして最高の仕事ができるというのです。

ジェフ・ベゾスも、創業期から、人材の採用にはとことんこだわり続けていました。理由は「プロを雇うのを、高くつくからと渋って、アマチュアを雇ってしまうと、さらに高くつく」からです。

Aクラスの人材の中にたとえ少数でもBクラスやCクラスの人が混ざると、その企業は「バカの増殖」に見舞われるというのがアメリカのIT企業の人材観です。

高い水準の人材は、高い水準の人と働くことを好み、高い水準の仕事に挑戦することに惹《ひ》かれます。ベゾスは、そんなアメリカのIT企業の文化を背景に、高い水準の人を採用し、高い水準の仕事をやり続けて、アマゾンを急速に成長させたのです。

WORDS OF JEFF BEZOS

65

「人材の採用レベル」を上げ続けろ

誰かを雇ったら、その人を基準に
次はもっと優れた人を雇うようにするんです。
そうすれば人的資源が全体的に
良くなっていきますから。

▼『果てなき野望』

優れたエンジニアやプログラマーは、ごく普通のエンジニアやプログラマーに比べて、何十倍もの成果を上げるというのが、アメリカのIT企業の考え方です。

ジェフ・ベゾスも、非常に早い時期から人材の質に強いこだわりを見せています。ベゾスが求めたのは、以前の経験ではなく、高い集中力を持ち、仕事熱心で、頭の切れる人間でした。経験が豊富で、予備知識が多すぎると、時にイノベーションを阻害する恐れがあるからです。

また、「自分より優秀な人を採用することを恐れてはいけない」がベゾスの信条です。そのうえで、常に「より良く」を追い求めていました。理由はこうです。

「誰かを雇ったら、その人を基準に次はもっと優れた人を雇うようにするんです。そうすれば、人的資源が全体的に良くなっていきますから」

目指したのは、「今日雇われた人間が5年後、『あの時採用されて良かったよ。今じゃとても採用してもらえない』と言うような状況をつくる」ことでした。

優秀な人材を惹《ひ》きつけることができなくなった業界や企業は、衰退へと向かいます。ベゾスは、優れた人材の採用にとことんこだわり抜くことで、アマゾンを急成長へと導くことができたのです。

WORDS OF JEFF BEZOS 66

信じろ、世界は変えられる

世界が変わると信じていれば、
自分がその一端を担えると信じるのは
ごく自然なことだ。

▼『イノベーションのDNA』

教育評論家の尾木直樹が、日本の大学生は現状を「変えられないもの」と見ており、「社会は変えられる」と話したところ大変驚いていたという話を本で読んだことがあります。

今、自分のいる世界を「変えられるもの」と見るか、「変えられないもの」と見るかでは、何をやるにつけても大きな差になって表れます。

ジェフ・ベゾスは採用にあたり、「あなたが発明したものについて教えてくれませんか?」と聞くことで、新しいことへのチャレンジを厭《いと》わない人を採ろうとしました。「自分は世界を変えられると信じている人がほしい」というのが、ベゾスの希望でした。理由は「世界が変わると信じていれば、自分がその一端を担えると信じるのはごく自然なこと」だからです。

ベゾスは、アマゾンによって本の売り方だけでなく、本の読み方までも変え、他にもさまざまな分野で「世界を変える」挑戦を続けています。今や「アマゾンのない世界」を想像することさえ難しくなりつつあるほどです。世界を変えるには、世界は変わると信じることが必要です。そうすれば世界は確実に変えることができる、とベゾスは信じています。

WORDS OF JEFF BEZOS

67

懸命に働いて歴史をつくろう

長い時間働くこともできるし、猛烈に働くこともできる。賢明に働くこともできる。ただしアマゾンでは、この3つから2つを選ぶことはできない。

▼『果てなき野望』

日本では「働き方改革」により長時間残業が問題視されていますが、アメリカのIT企業には「起業家は毎週100時間、地獄のように働くべき」と公言するイーロン・マスクのように「長時間残業は当たり前」という経営者が少なくありません。ジェフ・ベゾスもその1人です。

スローガンが大好きなベゾスは、アマゾンを創業した頃からスローガンをポスターで掲示したり、Tシャツにプリントしたりするなど、社員みんなが同じ考え方を共有できるようにしています。有名なスローガンの1つに「懸命に働き、楽しみ、歴史をつくろう」があります。

創業期のアマゾンの社員の仕事ぶりは、まさにこの通りでした。梱包専門のスタッフもいなかった頃、ベゾスも社員と一緒に毎日夜中まで本を梱包し、朝から晩まで必死に働いていました。採用面接でも「週60時間働くことをどう思う？」などと質問していますが、今ではさらに過激さを増し、こう話しています。

「長い時間働くこともできるし、猛烈に働くこともできる。賢明に働くこともできる。ただしアマゾンでは、この3つから2つを選ぶことはできない」

歴史をつくるには、3つすべてを選ぶ覚悟が必要なのです。

WORDS OF JEFF BEZOS 68

不満を抱えたまま働くな

長い目で見れば、
社員が不満を抱えたまま働き続けることは、
社員自身にとっても会社にとっても
健全ではない。

▼『ベゾスレター』

「アマゾンで働く」ことは、やりがいもあるし、それなりの報酬も得られる反面、猛烈に働くことを求められることも意味します。中には「もうここで働きたくない」という人も出てきます。そんな人のためにアマゾンが用意しているのが、年に1回、「辞めるならボーナスを支給します」という提案です。

1年目の提示額は2000ドル、毎年1000ドルずつ引き上げていって、上限は5000ドルとなります。しかし、この告知文の冒頭には「この提示を受けないでください」という一文が添えられ、退職を勧奨しているわけではないことも示しています。なぜこんなことをするのでしょうか？

ジェフ・ベゾスによると、できれば社員には提示を受けないでほしいものの、「自分は本当は何を望んでいるのか？」を考えてもらいたいからだといいます。不満があれば「辞める」という選択をすれば良いし、「ここで猛烈に働こう」という覚悟があるなら「残る」ことを選べば良いのです。

人生は選択の連続であり、「不満を抱えたまま働く」とか、「後悔しながら生きる」ことは決して好ましいことではないという、ベゾスなりの配慮なのです。

WORDS OF JEFF BEZOS

69

率先して「問題のホルダー」になれ

リーダーは
「それは私の仕事ではありません」
とは決して口にしません。

▼『ベゾスレター』

パナソニックの創業者・松下幸之助が、かつてある部署の課長と車に乗って、地方の取引先に向かっていた時のことです。途中、ビルの屋上に掲げられた看板の社名（当時はナショナル）の文字が薄れ、見た目にもパッとしないのが目に入りました。

松下が、同乗している課長に「君は毎日この道を車で走っているのに、あの看板を何とかしようとは思わないのか？」と尋ねたところ、その課長は「看板関係は私の仕事ではありませんから」と答えたといいます。その答えに松下は「気が付いとったら、なんでそれを担当の人に言うて直させんのや。君はそれでも松下の人間か！」と叱責しました。

問題に気付いた時、「これは誰の問題か？」と考え、「自分には関係ない」と分かってホッとするか、それとも「誰の担当か」など関係なく「すぐに行動を起こす」かで、人の評価は大きく変わります。松下が後者を求めたように、ジェフ・ベゾスも、自分のチームのためだけでなく、会社全体のために動くことをリーダーに求めています。

問題を前にした時、「自分の問題」として関心を持ち、取り組むことのできる人こそが成長できるのです。

WORDS OF JEFF BEZOS 70

「現地現物」でデータの嘘を見抜け

実際に目や耳にしたことと
データが食い違っていたら、
普通は目や耳にしたことの方が
正しいということです。

▼『ベゾスレター』

アマゾンの特徴の1つは、重要な決定を下す時には「データを重視する」ところにあります。何かを主張をする時には勘や経験ではなくデータで証明することが求められるように、決定は「経験重視」ではなく、「数字重視」となります。

しかし、その一方でジェフ・ベゾスは「実際に目や耳にしたこととデータが食い違っていたら、普通は目や耳にしたことの方が正しい」とも言っています。データというのは、取り方や処理の仕方によって変わることがあります。そのため、「データは絶対に正しい」と信じ込んでしまうと、時に間違った判断をすることもあるのです。

ある化粧品会社の会議で、データに基づいて「新製品がよく売れているので、旧製品は製造を中止しても良い」と報告されたことがありました。しかし、実際に創業者が自ら店に行って話を聞いたところ、多くの人が「旧製品の在庫がほとんどないので、仕方なしに新製品を買っている」と分かり、旧製品の製造中止をやめさせたという話があります。

たしかにデータは大切なものですが、現地で現物を見て、自分の直感に従ってデータを確認する力がないと、間違った判断をする恐れもあるのです。

WORDS OF JEFF BEZOS

71

順境にこそ「健全な危機感」を持て

悲観的になる必要はありませんが、危機感を持ち続けなければいけないと思っています。

▼『ベゾスレター』

「健全な危機感を持て」は、トヨタでよく言われる言葉の1つです。企業というのは、ある程度の規模に達すると創業時のような緊張感が薄れ、安住を求めるようになりがちですが、実はそこにこそ危機があるというのです。

本当の危機に陥ってしまうと、できることは限られてきます。そうならないためにも、安泰の時にこそ「どこかに問題はないか、改善点はないか」という「健全な危機感」を持って問題を見つけ、日々改善に努めてこそ、企業は健全に成長し続けることができるのです。

アマゾンは、サービス開始からわずか2年後の1997年に株式公開を果たしています。大きな成功です。そこで安心して一息つきがちな社員に対して、ジェフ・ベゾスはこう語りかけています。

「まだ学ぶことは多いです。悲観的になる必要はありませんが、それでも気を緩めず、危機感を持ち続けなければいけないと思っています」

大きな成果を上げた時、人や企業はつい立ち止まりがちですが、「まだまだ」という健全な危機感を持つことができれば、どこまでも成長し続けることができるのです。

WORDS OF JEFF BEZOS 72

闘うなら圧倒的なトップに立て

批評に耳を傾け、どうしたいかを真剣に考えた。そして、我々は先頭に立とうと決めた。

▼『ITmedia』

ジェフ・ベゾスの経営哲学の特徴の1つは、世間の猛烈な批判をものともしない一方で、世の中をより良く変えていくための先頭に立つ姿勢も兼ね備えていることです。こうした姿勢が発揮されたのが、2018年10月、長く「低賃金で過酷な労働を強いられている」と批判されてきたアメリカ国内の社員25万人以上と期間従業員10万人以上を対象に、最低賃金を11月から時給15ドルに引き上げると発表したケースでした。

15ドルという時給は、アメリカの法定最低賃金7・25ドルの倍、コストコの14ドルをも上回る金額でしたが、これは低賃金で働く従業員を抱える雇用主に厳しい姿勢を示した、バーニー・サンダース上院議員が提出した「Stop BEZOS Act」と呼ばれる法案に対するベゾスなりの答えとも言えます。ベゾスは賃金引き上げについて、こう述べました。

「批評に耳を傾け、どうしたいかを真剣に考えた。そして、我々は先頭に立とうと決めた。この変更に興奮しており、競合他社や大手企業にも追随を促す」

他社に劣らない賃金を払うのではなく、「トップに立つ」のがベゾスの狙いでした。ベゾスには、批判や危機を一気に称賛へと変えるしたたかさがあるのです。

WORDS OF JEFF BEZOS

73

優れた企業文化こそが他社との差をつける

ライバル会社でも、
企業文化までまねることはできません。

▼『アマゾン・ドット・コム』

企業が競争するうえで、もし「価格」のみを武器に戦おうとすれば、製品やサービスはまたたく間に他社に模倣され、追随され、利益なき競争を余儀なくされることになります。競争を優位に戦うためには、優れた製品やサービスを生むシステムや企業文化が必要なのです。

ジェフ・ベゾスも、「起業家は自らが理想とする企業文化の実現を目指して会社を立ち上げる」と明言したように、企業文化の持つ価値をよく理解していました。

ベゾスは、アマゾンを同じワシントン州に本社を置くマイクロソフトのようにしたいと考えていましたが、企業文化については「緊張感溢《あふ》れ、かつ居心地の良い会社」にしたいと考えていました。

アマゾンが成長し続けるためには、絶えざるイノベーションが欠かせません。だとすれば、イノベーションに果敢に挑戦し、イノベーションを起こし続ける、そんな企業文化を根づかせれば良いとベゾスは考えています。こう言っています。

「ライバル会社でも、企業文化までまねることはできません」

企業文化を持たない模倣企業は、他社の製品やサービスを模倣することはできても、イノベーションを起こすことはできないのです。

WORDS OF JEFF BEZOS 74

夢は壮大に、しかし地道な方法で

大事なことを、常にきちんと把握しておけ。

▼『ジェフ・ベゾスかく語りき』

ジェフ・ベゾスの宇宙への思いは本物です。ベゾス1人が宇宙旅行をしたいと考えるなら、大金持ちのベゾスにとってはたやすいことですが、ベゾスが目指すのは宇宙旅行を誰でも安全で安く行けるものにしていくことです。「どうやって?」と聞かれて、こう答えています。

「『大事なことを常にきちんと把握しておけ』と言いたいですね。『ブルーオリジン』について言えば、コストと安全性です。誰でも宇宙に行けるということを本気で実現しようと思ったら、安全性を高め、コストを下げるしかありません」

宇宙旅行という壮大な夢に比べて、ベゾスの語る手法はとても地味なものですが、こうしたやり方こそがアマゾンを成功へと導いたのです。同様に宇宙旅行も「いかに安く安全に行けるか」をコツコツと積み重ねていけば、絶対に目標に到達できるというのがベゾスの考え方です。大切なのは他社との競争に勝つことではなく、宇宙旅行を「当たり前のもの」にしていくことなのです。

壮大な夢を実現する時、その手法までもが壮大である必要はありません。顧客にとって本当に大切なことを地道に解決していく努力さえ怠らなければ、どんな大きな目標も達成できるのです。

第八章

WORDS OF JEFF BEZOS

ベゾスの人生観

WORDS OF JEFF BEZOS

75

未来のために何かを残せ

今、大変な仕事をすませておけば、
次の世代の子どもたちは
宇宙向けの巨大企業を
寮の部屋でもつくれるようになる。

▼『ベゾスレター』

ジェフ・ベゾスは２０００年に宇宙事業の「ブルーオリジン」を立ち上げ、安価なロケットの開発などに取り組んでいますが、この事業でライバルとなる「スペースX」の創業者イーロン・マスクたちとの「競争に勝つ」ことはそれほど重視していません。それよりも将来、人類が宇宙で暮らすための基盤を築こうというのがベゾスの狙いです。

その背景にあるのは、アマゾンを立ち上げ成功できたのは、それ以前に多くの人や企業が安価なパソコンやインターネット、クレジットカード決済の仕組み、ものを運ぶ輸送網などをつくり上げてくれていたからだ、という感謝の気持ちです。それだけの下地があったからこそ、アマゾンもグーグルも成功したし、マーク・ザッカーバーグはハーバード大学の寮でフェイスブックを立ち上げることができた、というのがベゾスの考えです。

その恩返しの意味で、将来誰かが、宇宙向けの巨大企業を学生寮でつくれるようにインフラを築きたい、というのがベゾスの思いです。

人は先人の肩に乗ることで、何かを成し遂げることができます。だからこそ、人には、未来の人のために何かを残す義務もあるのです。

WORDS OF JEFF BEZOS 76

誰と付き合うかで人生は変わる

人生はあまりに短いですから、尊敬できる人以外の人と付き合う時間などないのです。

▼『ベゾス・レター』

ジェフ・ベゾスは、アマゾンを創業した当初から「採用する人材の水準」をいかにして引き上げ、高く保つのかに心を砕いていました。例えば、面接後の採用会議で、ベゾスは面接官に「その応募者を尊敬できるか？」と問いかけていました。

採用に値するのは、学ぶべきところや、手本になるところのある人材だ、というのがベゾスの考えでした。

「私自身も、常に尊敬できる人としか働かないようにしていますし、社員にも同じくらい厳しい基準を持つべきと伝えています。人生はあまりに短いですから、それ以外の人と付き合う時間などないのです」


実際にベゾスは、投資信託会社D・E・ショーの社長デビッド・ショーが「実に頭の良い人」で、「ボスにふさわしい人」という理由でアマゾン創業前に同社からのスカウトに応じていますし、女性に関しても、付き合うに値するパートナーの条件「ウーマンフロー」を作成していたほどです。

「優れた人と付き合えば自分も向上できるが、つまらない人と付き合うと人生を滑り落ちていく」というアメリカの投資家ウォーレン・バフェットの言葉の通り、誰と働くか、誰と付き合うかで人生は変わるのです。

WORDS OF JEFF BEZOS 77

優しさが賢さを強みにする

賢くあるより
優しくある方が難しいと
いつか分かる日が来る。

▼『ワンクリック』

2010年、母校プリンストン大学の卒業式に招かれたジェフ・ベゾスは、10歳の頃に祖父母とキャンピングカーで旅をした時の話をしました。頻繁にタバコを吸う祖母の身体を心配したベゾスは、タバコの広告に載っていた「タバコを1回ふかすたびに2分寿命が縮む」というデータを元に、祖母がどれほど寿命を縮めているのかを計算しました。

そして、難しい計算をした自分の頭の良さをほめてもらおうと、自慢げに「それだけタバコを吸うと寿命が9年縮むよ」と忠告したところ、ほめられるどころか、祖母は急に泣き出してしまい、車を停めた祖父からこう言われました。

「ジェフ、賢くあるより優しくある方が難しいといつか分かる日が来るよ」

賢さは生まれ持った才能ですが、優しさや思いやりは自ら選択するものです。以来、ベゾスは先に優しさや思いやり、親切さが選択されてこそ、持って生まれた賢さが才能になると考えるようになったといいます。

何かを成し遂げるうえで、賢さは武器になりますが、誰かを犠牲にすることを厭《いと》わなければ凶器となります。人に対する思いやりや優しさが加わってこそ、賢さは本当の利器となるのです。

WORDS OF JEFF BEZOS 78

良い判断のためにしっかり睡眠をとれ

疲れていたり不機嫌だったりするせいで判断の質が下がる可能性があるとしたら、睡眠時間を削ることは本当にそれだけの価値があることなのか、って考え直すことでしょう。

▼『エスクァイア』

アマゾンは、アメリカのIT企業の例に漏れず、ハードワークが強いられる職場ですが、ジェフ・ベゾスは「8時間は必要で、ほぼ毎晩その睡眠時間をとっている」と、早寝早起きを「優先事項」にしています。

理由は「そのお陰で、以前よりもよく考えられるようになり、エネルギーも多くなったし、ムードも良くなった」からです。本当に頭を使う判断は午前10時から のミーティングで行い、夕方5時には考えることをやめ、翌日に回すというのがベゾスのやり方です。長時間労働については、こう疑問を口にしています。

「疲れていたり不機嫌だったりするせいで判断の質が下がる可能性があるとしたら、睡眠時間を削ることは本当にそれだけの価値があることなのか、って考え直すことでしょう」

アマゾンの社員がみんな8時間睡眠をとることができているかは疑問が残りますが、たしかにベゾス自身は早い時期から「睡眠は8時間必要」と唱えています。

一説では集中して仕事ができるのは「4時間」とも言われているだけに、長い時間働いている人は、「本当に高いレベルの仕事ができているのは何時間か」を自らに問うことも大切かもしれません。

WORDS OF JEFF BEZOS

79

「使いこなす」だけでなく「つくり上げる」能力を

この世界って、教えてもらって
スイッチさえ入れれば良いって感じだよね。
でも、考える力を持たなきゃ。

▼『ワンクリック』

ある人が学生に「何を勉強しているの？」と聞いたところ、「コンピュータを勉強しています」という答えが返ってきたので、「例えば？」と再度質問したところ、「エクセルやワードの使い方を」という答えが返ってきてがっかりした、という話をしていました。その理由は、今あるものの使い方を学ぶよりも、新たなものをつくり出してほしい、という思いがあったからでした。

ジェフ・ベゾスは、幼い頃から、ヒースキット（ヒース社製の組み立て式電気製品）を使ってアマチュア無線機などを組み立てたり、古い掃除機を改良するなど、小さな機械を組み立てることやいじることがとても好きな少年でした。

12歳の頃には、母親が買ってくれなかったインフィニティ・キューブ（8つの立方体をつなげたおもちゃ）を、買うよりも遥かに安く自分でつくり上げています。ベゾスはこう言います。

「この世界って、教えてもらってスイッチさえ入れれば良いって感じだよね。でも、考える力を持たなきゃ」

最も望ましいのは、優れたものを自分で考え、自分でつくり上げる力であり、それはマニュアルを読んでスイッチを操作するよりも遥かに大切な能力なのです。

WORDS OF JEFF BEZOS

80

人間の持つ「知性の力」を信じよう

君たちは人類が目を見張るような技術と科学の発展の目撃者になるだろう。

▼『アマゾンをつくったジェフ・ベゾス』

ジェフ・ベゾスは、人間の知性の信奉者です。その知性を武器にコツコツと研究を重ね、前進を続ければ、人間は自分たち自身でさえ驚くほどの成果を上げることができると信じています。

2010年、母校プリンストン大学の卒業式でスピーチしたベゾスは、マーク・トウェインやジュール・ベルヌ、アイザック・ニュートンといった歴史上の偉人たちは、きっと今という時代に生きていたかったと願うに違いないとして、卒業生たちにこう語りかけました。

「君たちは人類が目を見張るような技術と科学の発展の目撃者になるだろう」

例えば、これから何が可能になるのでしょうか？ ベゾスは、人類はクリーンエネルギーを大量に生成する方法を発明したり、細胞の中に入り込んで修復する装置をつくったり、生命を合成したりするようにもなるだろうと語っています。

ベゾスの言葉を聞いていると、「人間は想像できることのほとんどを実現できる」というのが、本当のことに思えてきます。「いつまでに」かは分かりませんが、ベゾス流の「長期の視点」で取り組めば、たいていのことは「いつか」実現できるし、人間にはそれだけの力が備わっていると信じることができます。

「ジェフ・ベゾス」参考文献

『ワンクリック―ジェフ・ベゾス率いるAmazonの隆盛』
リチャード・ブラント著、井口耕二訳、滑川海彦解説、日経BP社

『アマゾン・ドット・コム』ロバート・スペクター著、長谷川真実訳、日経BP社

『ジェフ・ベゾス 果てなき野望―アマゾンを創った無敵の奇才経営者』
ブラッド・ストーン著、井口耕二訳、滑川海彦解説、日経BP社

『時代をきりひらくIT企業と創設者たち4 Amazonをつくったジェフ・ベゾス』
ジェニファー・ランド著、スタジオアラフ訳、中村伊知哉監修、岩崎書店

『イノベーションのDNA―破壊的イノベーターの5つのスキル』
クレイトン・クリステンセン、ジェフリー・ダイアー、ハル・グレガーセン著、櫻井祐子訳、翔泳社

『WIRED Single Stories 010　CEO OF THE INTERNET―ジェフ・ベゾス、かく語りき』
スティーヴン・レヴィ著、若林恵訳、コンデナスト・ジャパン

『ベゾス・レター―アマゾンに学ぶ14ヵ条の成長原則』
スティーブ・アンダーソン、カレン・アンダーソン著、加藤今日子訳、すばる舎

『週刊東洋経済』
2012年12月1日号、2016年3月5日号、2017年6月24日号　東洋経済新報社

『Newsweek』2017年9月5日号　CCCメディアハウス

桑原　晃弥
くわばら　てるや

1956年、広島県生まれ。経済・経営ジャーナリスト。慶應義塾大学卒。業界紙記者などを経てフリージャーナリストとして独立。トヨタ式の普及で有名な若松義人氏の会社の顧問として、トヨタ式の実践現場や、大野耐一氏直系のトヨタマンを幅広く取材、トヨタ式の書籍やテキストなどの制作を主導した。一方でスティーブ・ジョブズやジェフ・ベゾスなどのIT企業の創業者や、本田宗一郎、松下幸之助など成功した起業家の研究をライフワークとし、人材育成から成功法まで鋭い発信を続けている。著書に『人間関係の悩みを消すアドラーの言葉』『自分を活かし成果を出すドラッカーの言葉』（ともにリベラル社）、『スティーブ・ジョブズ名語録』（PHP研究所）、『トヨタ式「すぐやる人」になれるすごい仕事術』（笠倉出版社）、『ウォーレン・バフェット巨富を生み出す7つの法則』（朝日新聞出版）、『トヨタ式5W1H思考』（KADOKAWA）、『1分間アドラー』（SBクリエイティブ）、『amazonの哲学』（大和文庫）などがある。

イラスト　田渕正敏
デザイン　宮下ヨシヲ（サイフォン グラフィカ）
校正　土井明弘
編集　安田卓馬（リベラル社）
編集人　伊藤光恵（リベラル社）
営業　持丸孝（リベラル社）

編集部　渡辺靖子・山田吉之・鈴木ひろみ
営業部　津村卓・澤順二・津田滋春・廣田修・青木ちはる・竹本健志・春日井ゆき恵
制作・営業コーディネーター　仲野進

イノベーションを起こす ジェフ・ベゾスの言葉

2021年4月26日　初版

著　者　桑原　晃弥
発行者　隅田　直樹
発行所　株式会社 リベラル社
〒460-0008　名古屋市中区栄3-7-9　新鏡栄ビル8F
TEL 052-261-9101　FAX 052-261-9134
http://liberalsya.com

発　売　株式会社 星雲社（共同出版社・流通責任出版社）
〒112-0005　東京都文京区水道1-3-30
TEL 03-3868-3275

 ISBN978-4-434-28713-8　C0034